わかりやすい！消防設備士 共通科目の完全マスター

共通法令と機械，電気の基礎

―出題内容の整理と，問題演習―

資格研究会 **KAZUNO** 編著

弘文社

まえがき

本書は，消防設備士試験の受験科目のうち，ほとんどの類の消防設備士に共通する科目のみにスポットライトを当てたテキストです。

その主なねらいは，どの類の試験を受験しても使用できるテキストで，かつ，共通科目を確実にマスターすることを目的としているところです。

具体的には，最新の出題傾向に沿った豊富な問題を可能な限り取り入れて編集をいたしましたので，何類を受験するにしてもサブのテキストとして，十二分に活躍してくれるテキストである，と確信しています。

その主な特徴は，他の「わかりやすいシリーズ」同様，次のようになっています。

1　わかりやすい解説

複雑，あるいは，難解であると思われる部分については，イラストなどを用いることによって，詳細，かつ，わかりやすい解説に努めました。

2　"メリハリ"を付けた内容

これは，ポイント部分に重要マークを表示することにより，どの部分が重要で，どの部分がそうでないか，を把握することができるので，効率的な学習が可能となります。

3　ゴロ合わせの採用

「わかりやすい第4類消防設備士試験」などの「わかりやすいシリーズ」同様，暗記事項をゴロ合わせにして覚えやすくしました。

4　問題の充実

冒頭でも説明しましたように，本試験問題に対応できるよう，最新の出題傾向に沿った問題を豊富に採用しました。

以上のような特徴によって本書は構成されていますので，本書を十二分に活用いただければ，"短期合格"も夢ではないものと確信しております。

最後になりましたが，本書を手にされた方が一人でも多く「試験合格」の栄冠を勝ち取られんことを，紙面の上からではありますが，お祈り申しあげております。

本書の使い方

　本書を効率よく使っていただくために，次のことを理解しておいてください。

1．不要な部分について

　① 機械に関する基礎知識について（P 97〜P 157）
　　⇒ 4類と7類を受験する際には不要です。
　② 電気に関する基礎知識について（P 159〜P 253）
　　⇒ 5類と6類を受験する際には不要です。
（詳細は，P 13の試験科目と問題数の表2を参照してください。）
　また，①の機械に関する基礎知識については，1，2，3，5，6類を受験する際に必要ですが，5類と6類については，「水理」の部分が不要になります。

2．重要マークについて

　本書では，問題のみならず，本文の項目においても，その重要度に応じて上記重要マークを1個，あるいは2個表示してあります。
　従って，各受験生の状況に応じて，それらのマークが付いている項目あるいは問題から先にやる，という具合に時間を調整することができます。
　また，当然のことながら，どこにポイントがあるか，という受験生にとっては最大の関心事を把握しながら学習することができる，という利点もあります。
　なお，イマヒトツのマーク は余力があればやっておくと良い項目に表示してあり，学習を進めていく上で時間が足りない場合には，後回しにしても良いということを示しています。
　従って，各受験生の状況に応じて，重要マークが付いている項目あるいは問題から先にやる，という具合に時間を調整することも可能です。
　また，ポイントを把握しながら学習することもできるので，効率的な学習も可能となります。

3．重要ポイントについて

　大きな項目については，2.の重要マークを入れてありますが，本文中の重要な箇所は，**太字**にしたり，上記重要ポイントマークを入れて枠で囲んだり，あるいは，背景に色を付けるなどして，さらにポイント部分が把握しやすいように配慮をしました。

4．注意を要する部分について

　本文中，特に注意が必要だと思われる箇所には「ここに注意！」というように表示して，注意を要する部分である，ということを表しています。

5．参考資料について

　資料としては必要だが，覚える必要性が低いものには「参考資料」という表記や　　というマークを付してあります。

6．略語について

　本書では，本文の流れを円滑にするために，一部略語を使用しています。

　　例：　特防：特定防火対象物

7．最後に

　本書では，学習効率を上げるために（受験に差しさわりがない範囲で）内容の一部を省略したり，または表現を変えたり，あるいは図においては原則として原理図を用いている，ということをあらかじめ断っておきます。

CONTENTS

まえがき……………………………………………………………………3
本書の使い方………………………………………………………………4
受験案内……………………………………………………………………11
受験に際しての注意事項…………………………………………………19

第1編　消防関係法令（共通部分）

1　用語……………………………………………………………………24
　（1）　防火対象物と消防対象物………………………………………24
　（2）　特定防火対象物…………………………………………………24
　（3）　特定1階段等防火対象物………………………………………25
　（4）　複合用途防火対象物……………………………………………25
　（5）　関係者……………………………………………………………25
　（6）　無窓階……………………………………………………………25
　（7）　特殊消防用設備等………………………………………………25

2　消防同意など…………………………………………………………26
　（1）　消防の組織について……………………………………………26
　（2）　立入り検査（消防法第4条）…………………………………26
　（3）　消防の同意（消防法第7条）…………………………………27

3　防火管理者（消防法第8条）………………………………………28
　（1）　防火管理者を置かなければならない防火対象物……………28
　（2）　防火管理者の業務の内容………………………………………28
　（3）　共同防火管理（消防法第8条の2）…………………………29
　（4）　防火対象物の定期点検制度（消防法第8条の2の2）……31

4　危険物施設に関する規定……………………………………………32
　（1）　危険物施設の警報設備…………………………………………32

5　消防用設備等の設置，維持に関する規定（消防法第17条）……33
　（1）　消防用設備等の種類（消防法施行令第7条）………………33
　（2）　消防用設備等を設置すべき防火対象物………………………34

（3）　消防用設備等の設置及び維持の技術上の基準 ……………36
　　（4）　消防用設備等を設置した際の届出，検査（消防法第17条の3の2）
　　　　　　　　　　　　　　　　　　　　　　　　…………………40
　　（5）　消防用設備等の定期点検（消防法第17条の3の3）………41
　　（6）　消防用設備等の設置維持命令（消防法第17条の4）………43
6　検定制度（消防法第21条の2）…………………………………44
　　（1）　型式承認 ………………………………………………………44
　　（2）　型式適合検定 …………………………………………………45
　　（3）　検定の対象となっている品目について ……………………45
7　消防設備士制度（消防法第17条の5など）……………………47
　　（1）　消防設備士の業務独占 ………………………………………47
　　（2）　消防設備士免状 ………………………………………………49
　　（3）　消防設備士の責務など ………………………………………50
問題にチャレンジ！（第1編　消防関係法令・共通部分）………………52

第2編　機械に関する基礎知識

1　水理……………………………………………………………………98
　　（1）　絶対圧力とゲージ圧力 ………………………………………98
　　（2）　流体について …………………………………………………99
　　（3）　パスカルの原理（圧力と液体）……………………………106
　　（4）　ボイル・シャルルの法則（圧力と気体）…………………107
2　力について …………………………………………………………109
　　（1）　力の3要素 ……………………………………………………109
　　（2）　力の合成と分解 ………………………………………………110
　　（3）　力のモーメント ………………………………………………111
　　（4）　力のつりあい …………………………………………………112
3　運動と仕事 …………………………………………………………114
　　（1）　速度 ……………………………………………………………114
　　（2）　加速度 …………………………………………………………114
　　（3）　仕事 ……………………………………………………………115

(4) 動力（仕事率）……………………………………………116
　　　(5) 滑車……………………………………………………………116
　4　摩擦……………………………………………………………………118
　5　機械材料…………………………………………………………………119
　　5-1　金属材料について……………………………………………119
　　　(1) 合金の特徴……………………………………………………119
　　　(2) 主な合金とその成分…………………………………………119
　　　(3) 熱処理について………………………………………………122
　　　(4) ねじについて…………………………………………………123
　　　(5) 軸受……………………………………………………………124
　　5-2　材料の強さについて…………………………………………126
　　　(1) 荷重と応力……………………………………………………126
　　　(2) はりの種類と形状……………………………………………128
　　　(3) ひずみ…………………………………………………………129
　　　(4) 応力とひずみ…………………………………………………130
　　　(5) 許容応力と安全率……………………………………………131
　　　(6) その他…………………………………………………………132
　問題にチャレンジ！（第2編　機械に関する基礎知識）………………134

第3編　電気に関する基礎知識

第1章　電気理論

　1　電気の単位……………………………………………………………162
　2　オームの法則………………………………………………………163
　3　静電気………………………………………………………………164
　　　(1) 電荷について…………………………………………………164
　　　(2) 静電気に関するクーロンの法則……………………………164
　　　(3) 電気力線………………………………………………………165
　4　抵抗とコンデンサーの接続………………………………………166

	(1)	抵抗の接続	166
	(2)	コンデンサー	169
5	キルヒホッフの法則		172
	(1)	キルヒホッフの第1法則	172
	(2)	キルヒホッフの第2法則	172
6	電力と熱量		173
	(1)	電力	173
	(2)	熱量	174
7	磁気		175
	(1)	磁気用語について	175
	(2)	アンペアの右ねじの法則	175
	(3)	電磁誘導	176
	(4)	フレミングの法則	176
8	交流		178
	(1)	交流について	178
	(2)	交流の表し方	178
	(3)	弧度法と位相	179
	(4)	交流回路	180
9	電力と力率		184
	(1)	電力	184
	(2)	力率	185

第2章　電気計測

1	指示電気計器の分類と構造	188
2	測定値と誤差	190
3	抵抗値の測定と測定範囲の拡大	191
	(1) 抵抗値の測定	191
	(2) 測定範囲の拡大	192

第3章　電気機器，材料

- 1　変圧器 …………………………………………………………196
- 2　電動機 …………………………………………………………198
  - （1）誘導電動機 ………………………………………………198
  - （2）同期電動機 ………………………………………………199
- 3　蓄電池 …………………………………………………………201
  - （1）蓄電池とは ………………………………………………201
  - （2）サルフェーション現象 …………………………………202
- 4　電気材料 ………………………………………………………203
  - （1）抵抗率と導電率 …………………………………………203
  - （2）導体，半導体，絶縁体 …………………………………204

問題にチャレンジ！（第3編　電気に関する基礎知識）………206
　電気理論
　電気計測
　電気機器，材料

合格大作戦
　　その1　消防関係法令（共通）………………………………256
　　その2　機械に関する基礎知識 ………………………………264
　　その3　電気に関する基礎知識 ………………………………272

索引 …………………………………………………………………279

受験案内

※本項記載の内容は変更されることがあるので，詳細は消防試験研究センターの受験案内で確認するようにしてください。

1 消防設備士試験の種類

消防設備士試験には，次の表のように甲種が特類および第1類から第5類まで，乙種が第1類から第7類まであり，甲種が工事と整備を行えるのに対し，乙種は整備のみ行えることになっています。

表1

	甲種	乙種	消防用設備等の種類
特類	○		特殊消防用設備等
第1類	○	○	屋内消火栓設備，屋外消火栓設備，スプリンクラー設備，水噴霧消火設備
第2類	○	○	泡消火設備
第3類	○	○	不活性ガス消火設備，ハロゲン化物消火設備，粉末消火設備
第4類	○	○	自動火災報知設備，消防機関へ通報する火災報知設備，ガス漏れ火災警報設備
第5類	○	○	金属製避難はしご，救助袋，緩降機
第6類		○	消火器
第7類		○	漏電火災警報器

2 受験資格 (詳細は消防試験研究センターの受験案内を参照して確認して下さい)

(1) 乙種消防設備士試験
　　⇒ 受験資格の制限はなく誰でも受験できます。
(2) 甲種消防設備士試験
　　⇒ 甲種消防設備士を受験するには次の資格などが必要です。

〈国家資格等による受験資格（概要）〉
① （他の類の）甲種消防設備士の免状の交付を受けている者。
② 乙種消防設備士の免状の交付を受けた後2年以上消防設備等の整備の経験を有する者。
③ 技術士第2次試験に合格した者。
④ 電気工事士
⑤ 電気主任技術者（第1種〜第3種）
⑥ 消防用設備等の工事の補助者として，5年以上の実務経験を有する者。
⑦ 専門学校卒業程度検定試験に合格した者。
⑧ 管工事施工管理技術者（1級または2級）
⑨ 工業高校の教員等
⑩ 無線従事者（アマチュア無線技士を除く）
⑪ 建築士
⑫ 配管技能士（1級または2級）
⑬ ガス主任技術者
⑭ 給水装置工事主任技術者および旧給水責任技術者
⑮ 消防行政に係る事務のうち，消防用設備等に関する事務について3年以上の実務経験を有する者。
⑯ 消防法施行規則の一部を改定する省令の施行前（昭和41年1月21日以前）において，消防用設備等の工事について3年以上の実務経験を有する者。
⑰ 旧消防設備士（昭和41年10月1日前の東京都火災予防条例による消防設備士）

〈学歴による受験資格（概要）〉
　（注：単位の換算はそれぞれの学校の基準によります）
① 大学，短期大学，高等専門学校（5年制），または高等学校において機械，電気，工業化学，土木または建築に関する学科または課程を修めて卒業した者。
② 旧制大学，旧制専門学校，または旧制中等学校において，機械，電気，工業化学，土木または建築に関する学科または課程を修めて卒業した者。
③ 大学，短期大学，高等専門学校（5年制），専修学校，または各種学校において，機械，電気，工業化学，土木または建築に関する授業

科目を 15 単位以上修得した者。
   ④ 防衛大学校，防衛医科大学校，水産大学校，海上保安大学校，気象大学校において，機械，電気，工業化学，土木または建築に関する授業科目を 15 単位以上修得した者。
   ⑤ 職業能力開発大学校，職業能力開発短期大学校，職業訓練開発大学校，または職業訓練短期大学校，もしくは雇用対策法の改正前の職業訓練法による中央職業訓練所において，機械，電気，工業化学，土木または建築に関する授業科目を 15 単位以上修得した者。
   ⑥ 理学，工学，農学または薬学のいずれかに相当する専攻分野の名称を付記された修士または博士の学位を有する者。

3 試験の方法

(1) 試験の内容

試験には筆記試験と実技試験があり，表 2 のような試験科目と問題数があります。

試験時間は，甲種が 3 時間 15 分，乙種が 1 時間 45 分です。

表 2 試験科目と問題数

種類	試験科目	筆記								実技	
		消防関係法令		基礎知識		構造・機能及び工事・整備			合計	鑑別等	製図
		共通	類別	機械	電気	機械	電気	規格			
問題数 甲種	1 類	8	7	6	4	10	6	4	45	5	2
	2 類	8	7	6	4	10	6	4	45	5	2
	3 類	8	7	6	4	10	6	4	45	5	2
	4 類	8	7	—	10	—	12	8	45	5	2
	5 類	8	7	10	—	12	—	8	45	5	2
試験時間		3 時間 15 分									

種類		試験科目	筆記								実技	
			消防関係法令		基礎知識		構造・機能及び整備			合計	鑑別等	製図
			共通	類別	機械	電気	機械	電気	規格			
問題数	乙種	1類	6	4	3	2	8	4	3	30	5	
		2類	6	4	3	2	8	4	3	30	5	
		3類	6	4	3	2	8	4	3	30	5	
		4類	6	4		5		9	6	30	5	
		5類	6	4	5		9		6	30	5	
		6類	6	4	5		9		6	30	5	
		7類	6	4		5		9	6	30	5	
試験時間			1時間45分									

(2) 筆記試験について
　　解答はマークシート方式で，4つの選択肢から正解を選び，解答用紙の該当する番号を黒く塗りつぶしていきます。
(3) 実技試験について
　　乙種の実技試験は，鑑別等試験のみで，甲種の場合は，鑑別等の他に製図試験も加わります。

4　合格基準

① 筆記試験において，各科目ごとに出題数の **40 %以上**，全体では出題数の **60 %以上**の成績を修め，かつ
② 実技試験において **60 %以上**の成績を修めた者を合格とします。
（試験の一部免除を受けている場合は，その部分を除いて計算します）

5　試験の一部免除

　一定の資格を有している者は，筆記試験の一部が免除されます。
① 他の国家資格による筆記試験の一部免除
　　次の表の国家資格を有している者は，○印の部分が免除されます。

表3

試験科目	資格	技術士	電気主任技術者	電気工事士※
基礎的知識	機械に関する部分	○		
	電気に関する部分	○	○	○
消防関係法令	各類に共通する部分			
	各類に関する部分			
構造・機能及び工事、整備	電気に関する部分	○	○	○
	規格に関する部分	○		

※電気工事士免状を有する人は
　甲種4類，乙種4類の実技の問1免除。乙種7類は実技が全部免除。

ア　甲種消防設備士試験の受験者（特類を除く）

受験する類別	既に所持している消防設備士免状	免除科目	試験時間
甲種 1類～3類	甲種1類，2類，3類の免状所持者（ただし，同類の免状を除く。以下同様）	消防関係法令の共通部分8問 基礎的知識10問全て	2時間30分
	甲種4類，5類の免状所持者	消防関係法令の共通部分8問	3時間
甲種4類	甲種1類～3類又は5類の免状所持者		
甲種5類	甲種1類～4類の免状所持者		

イ 乙種消防設備士試験の受験者

受験する類別	既に所持している消防設備士免状	免除科目	試験時間
乙種1類	乙種4類～7類又は 甲種1類・4類・5類の免状所持者	消防関係法令の共通部分6問	1時間30分
	甲種2類・3類又は 乙種2類・3類の免状所持者	消防関係法令の共通部分6問 基礎的知識5問全て	1時間15分
乙種2類	乙種4類～7類又は 甲種1類・4類・5類の免状所持者	消防関係法令の共通部分6問	1時間30分
	甲種1類・3類又は 乙種1類・3類の免状所持者	消防関係法令の共通部分6問 基礎的知識5問全て	1時間15分
乙種3類	乙種4類～7類又は 甲種3類～5類の免状所持者	消防関係法令の共通部分6問	1時間30分
	甲種1類・2類又は 乙種1類・2類の免状所持者	消防関係法令の共通部分6問 基礎的知識5問全て	1時間15分
乙種4類	乙種1類～3類又は5類・6類 甲種1類～5類の免状所持者	消防関係法令の共通部分6問	1時間30分
	乙種7類の免状所持者	消防関係法令の共通部分6問 基礎的知識5問全て	1時間15分
乙種5類	乙種1類～4類又は7類 甲種1類～5類の免状所持者	消防関係法令の共通部分6問	1時間30分
	乙種6類の免状所持者	消防関係法令の共通部分6問 基礎的知識5問全て	1時間15分
乙種6類	乙種1類～4類又は7類 甲種1類～4類の免状所持者	消防関係法令の共通部分6問	1時間30分
	甲種5類又は乙種5類の免状所持者	消防関係法令の共通部分6問 基礎的知識5問全て	1時間15分
乙種7類	乙種1類～3類又は5・6類 甲種1類～3類又は5類の免状所持者	消防関係法令の共通部分6問	1時間30分
	甲種4類又は 乙種4類の免状所持者	消防関係法令の共通部分6問 基礎的知識5問全て	1時間15分

消防設備士免状を有する方の免除科目一覧表

> 表中の記号について
> ★は，消防関係法令（共通部分）と基礎的知識が免除になる。
> ☆は，消防関係法令（共通部分）が免除になる。

受験類別	取得済の資格種類				
	甲種1類	甲種2類	甲種3類	甲種4類	甲種5類
甲種1類	—	★	★	☆	☆
甲種2類	★	—	★	☆	☆
甲種3類	★	★	—	☆	☆
甲種4類	☆	☆	☆	—	☆
甲種5類	☆	☆	☆	☆	—

注）乙種消防設備士の資格で，甲種消防設備士の科目免除はありません。

受験類別	取得済の資格種類											
	甲1	甲2	甲3	甲4	甲5	乙1	乙2	乙3	乙4	乙5	乙6	乙7
乙種1類	☆	★	★	☆	☆	—	★	★	☆	☆	☆	☆
乙種2類	★	☆	★	☆	☆	★	—	★	☆	☆	☆	☆
乙種3類	★	★	☆	☆	☆	★	★	—	☆	☆	☆	☆
乙種4類	☆	☆	☆	☆	☆	☆	☆	☆	—	☆	☆	★
乙種5類	☆	☆	☆	☆	☆	☆	☆	☆	☆	—	★	☆
乙種6類	☆	☆	☆	☆	★	☆	☆	☆	☆	★	—	☆
乙種7類	☆	☆	☆	★	☆	☆	☆	☆	★	☆	☆	—

※科目免除や受験内容等に関する**お問い合わせには応じかねますので**，ご了承ください。

6　受験手続き

　試験は消防試験研究センターが実施しますので，自分が試験を受けようとする都道府県の支部などに試験の日時や場所，受験の申請期間，および受験願書の取得方法などを調べておくとよいでしょう。

> **一般財団法人　消防試験研究センター　中央試験センター**
> 〒151-0072
> 　　東京都渋谷区幡ヶ谷1-13-20
> 　　電話　03-3460-7798
> 　　Fax　03-3460-7799
> ホームページ：http://www.shoubo-shiken.or.jp/
> (「消防試験研究センター」でネット検索すると，すぐに出てきます)

7　受験地

　全国どこでも受験できます。

8　複数受験について

　試験日，または試験時間帯によっては，4類と7類など，複数種類の受験ができます。詳細は受験案内を参照して下さい。

受験に際しての注意事項

1．願書はどこで手に入れるか？

　近くの消防署や試験研究センターの支部などに問い合わせをして確保しておきます。

2．受験申請

　自分が受けようとする試験の日にちが決まったら，受験申請となるわけですが，大体試験日の1ヶ月半位前が多いようです。その期間が来たら，郵送で申請する場合は，なるべく早めに申請しておいた方が無難です。というのは，もし申請書類に不備があって返送され，それが申請期間を過ぎていたら，再申請できずに次回にまた受験，なんてことにならないとも限らないからです。

3．試験場所を確実に把握しておく

　普通，受験の試験案内には試験会場までの交通案内が掲載されていますが，もし，その現場付近の地理に不案内なら，ネット等で情報を集めておいた方がよいでしょう。実際には，当日，その目的の駅などに到着すれば，試験会場へ向かう受験生の流れが自然にできていることが多く，そう迷うことは少ないとは思いますが，そこに着くまでの電車を乗り間違えたり，また，思っていた以上に時間がかかってしまった，なんてことも起こらないとは限らないので，情報をできるだけ正確に集めておいた方が精神的にも安心です。

4．受験前日

　これは当たり前のことかもしれませんが，当日持っていくものをきちんとチェックして，前日には確実に揃えておきます。特に，受験票を忘れる人がたまに見られるので，筆記用具とともに再確認して準備しておきます。
　なお，解答カードには，「必ずHB，又はBの鉛筆を使用して下さい」と指定されているので，HB，又はBの鉛筆を2～3本と，できれば予備として濃い目のシャーペンと，消しゴムもできれば小さ目の予備を準備しておくと完璧です（試験中，机から落ちて"行方不明"になったときのことを考えて）。

第1編
消防関係法令（共通部分）

法令の構成

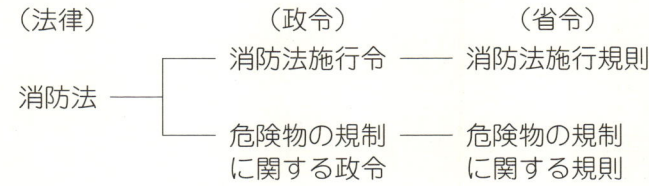

（政令や省令は消防法の内容を更に具体的な細則として定めたものです。）

略称について

　法令の名称を，次のように略称で表記している場合があるので，注意してください。

法令	略称
消防法	法
消防法施行令	令
消防法施行規則	規則

1. 用語（P 24）
　　特定防火対象物や**無窓階**についての説明や**特定防火対象物に該当する防火対象物はどれか**，という出題がよくあります。

2. 基準法令の適用除外（P 37）
用途変更時の適用除外とともに比較的よく出題されており，そ及**適用される条件**などをよく覚えておく必要があります。

3. 消防用設備等を設置した際の届出，検査（P 40）
　　届出，検査の必要な防火対象物や**届出を行う者**，**届出期間**などがポイントです。

4. 定期点検（P 41）
　　比較的よく出題されており，**消防設備士等が点検する防火対象物**や**点検の頻度**が最重要ポイントです。

5. 検定制度（P 44）
　　これも比較的よく出題されており，**検定の定義**や**表示の有無と販売の可否**がポイントです。

6. 消防設備士（P 47）
　　免状に関する出題が頻繁にあります。従って，**免状の書替えや再交付の申請先**などについて把握するとともに，**講習**についても頻繁に出題されているので，**講習の実施者**や**期間**などを把握しておく必要があります。また，「工事整備対象設備等の着工届出義務」についても，頻繁に出題されているので，**届出を行う者**や**届出先**，**届出期間**などをよく把握しておく必要があります。

1 用語

　用語については，本試験にもよく出題されているので，確実に覚える必要がありますが，その他，ほかの法令上の規定を理解する際にも必要になってくるので，ここでその意味をよく把握しておいてください。

(1) 防火対象物と消防対象物

　この両者は 色アミ部分 以外は同じ文言なので，注意するようにして下さい。

① 防火対象物
　　山林または舟車*，船きょ*若しくはふ頭に繋留された船舶，建築物その他の工作物 若しくはこれらに属するものをいう 。

　　　　　　　　　　　　　　　　＊舟車：船舶（一部除く）や車両のこと
　　　　　　　　　　　　　　　　＊舟きょ：ドックのこと

② 消防対象物
　　山林または舟車，船きょ若しくはふ頭に繋留された船舶，建築物その他の工作物 または物件をいう 。

　①と②は下線部分のみ異なるので，「物件」という堅苦しい用語が付いている方が「消防対象物」という具合に思い出せばよいでしょう。

(2) 特定防火対象物

　P35の百貨店や劇場など，太字で書いてある防火対象物のことで，このような不特定多数の者が出入りする防火対象物の場合，火災が発生した場合に，より人命が危険にさらされたり，延焼が拡大する恐れが大きいため，このように指定されているわけです。
　なお，大勢の人が出入りしても，次の建物は特定防火対象物ではないので，注意してください。
　5項ロ（共同住宅など），7項（学校など），8項（図書館など）。

(3) 特定1階段等防火対象物

　避難がしにくい**地下階または3階以上の階に特定用途部分**があり，**屋内階段が一つしかない**建物のことをいいます。これは，屋内階段が一つしかない場合，火災時にはその屋内階段が煙突となって延焼経路となるので，その階段を使って避難ができなくなる危険性が高くなるため，そのような建物を**面積に関係なく**特定1階段等防火対象物として指定したわけです。

　なお，煙突になって延焼経路となるのは屋内階段の場合なので，たとえ階段が1つであっても，屋外階段や特別避難階段の場合は，この特定1階段等防火対象物には該当しません。

(4) 複合用途防火対象物

　P 35，消防法施行令別表第1の(1)から(15)までの用途のうち，異なる2つ以上の用途を含む防火対象物，いわゆる「雑居ビル」のことをいいます。この雑居ビルに1つでも特定用途部分（特定防火対象物の用途）が存在すれば，ビル全体が**特定防火対象物（16項イ）**となるので注意して下さい。

(5) 関係者

　防火対象物または消防対象物の**所有者**，**管理者**または**占有者**をいいます。

(6) 無窓階

　建築物の地上階のうち，**避難上または消火活動上有効な開口部のない階**のことをいいます（注：単に窓の無い階のことではなく，窓があっても一定の基準に満たなければ無窓階となります）。

(7) 特殊消防用設備等

　通常用いられる消防用設備等に代えて同等以上の性能を有する新しい技術を用いた特殊な消防用設備等のこと。

消防同意など

(1) 消防の組織について

　消防法には消防長や消防署長，あるいは消防吏員や消防職員，消防団員などの名称が出てきて少々まぎらわしいので，消防機関やその構成員などの相互関係を，次の図でよく把握しておいてください。

```
 （機関）    （機関の長）      （機関の構成員）
 消防本部──── 消防長 ────────消防吏員や消防職員
 消防署────消防署長────────消防吏員や消防職員
 消防団────消防団長────────消防団員
```

※　消防本部は，市町村の管内にある<u>消防署を統括する組織</u>で，消防団は<u>一般市民からなる組織</u>です。

(2) 立入り検査　(消防法第4条)

　消防機関による<u>立入り検査</u>の概要は，次の通りです。

表1-1

命令を発する者	消防長（消防本部を置かない場合は市町村長），消防署長
立入り検査を行う者	消防職員
時間	制限はありません。
事前通告	不要です。
証票の提示	関係者の請求があった場合のみ提示します。

(3) 消防の同意 （消防法第7条）

　建築物の工事に着手する場合，次の図のように，建築主から建築主事（または特定行政庁，以下同じ）に確認申請を出し，建築主事が消防長などの同意を経て建築主に確認済証を交付します。

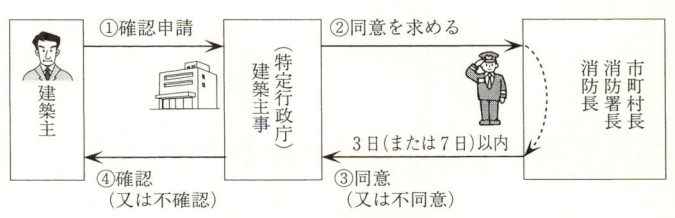

図1-1　消防同意の流れ

（③の同意の期限は，一般建築物が3日，その他の建築物が7日以内に同意または不同意を建築主事に通知する必要があります。）

防火管理者 (消防法第8条)

　一定の防火対象物の管理について権原※を有する者は，一定の資格を有する者のうちから防火管理者を選任して，防火管理上必要な業務を行うことを義務づけています。

> ※権原：ある行為を行うことを正当化する法律上の根拠のこと。

(1) 防火管理者を置かなければならない防火対象物

　令別表第1（P35）に掲げる防火対象物のうち，次の収容人員（防火対象物に出入りし，勤務し，または居住する者の数）の場合に防火管理者を置く必要があります。

特定防火対象物	30人以上
非特定防火対象物	50人以上

（＊同じ敷地内に管理権原を有するものが同一の防火対象物が二つ以上ある
　　場合は，それらを一つの防火対象物とみなして収容人員を合計します。）

(2) 防火管理者の業務の内容

　防火管理者が行う業務の内容については，次のとおりになっています。
① 消防計画に基づく消火，通報および避難訓練の実施
② 火気の使用または取扱いに関する監督
③ 消防計画の作成
④ 消防機関への消防計画の届出
⑤ 消防用設備等の点検，整備
⑥ その他，防火管理上必要な業務
　　　　　（※下線部は次の「こうして覚えよう」に使う部分です。）

法令　共通部分　　　　　　　　　　　　　　29

こうして覚えよう！　＜防火管理者の業務内容＞

防火管理者の仕事は　火　か　け　て　見る こと
　　　　　　　　　　①　②　③④　⑤
　　　　　　　　　避難　火気　計画　点検

（これはナベか何かを火にかけて，それを防火
管理者が監視して見ている，という図を想像し
ながら覚えればよいと思います）

（3）　共同防火管理（消防法第8条の2）

　雑居ビルなどでは管理権原者，いわゆるテナントが複数存在することになりますが，そのような場合は，万一に備えてあらかじめ共同防火管理協議会を設置しておく必要があります。
　（①〜⑤の下線部は，次ページの［こうして覚えよう］に使う部分です）

① 　高さ <u>31</u> m を超える建築物
　　（＝ 高層建築物 ⇒ 消防長又は消防署長の指定は不要）
② 　特定防火対象物（④⑤除く）
　　地階を除く階数が <u>3</u> 以上で，かつ，収容人員が＊<u>30</u> 人以上のもの。
　　（＊⇒ 6項ロ（要介護老人ホーム等），6項ロの用途部分が存する複合用
　　　途防火対象物の場合は 10 人以上）
③ 　特定用途部分を含まない複合用途防火対象物
　　地階を除く階数が <u>5</u> 以上で，かつ，収容人員が <u>50</u> 人以上のもの。
④ 　<u>準地下街</u>
⑤ 　<u>地下街</u>（ただし，消防長または消防署長が指定したものに限る。）
　　⇒ 指定が必要なのはこの地下街だけです。
　　　従って，指定のない地下街には共同防火管理の必要はありません。

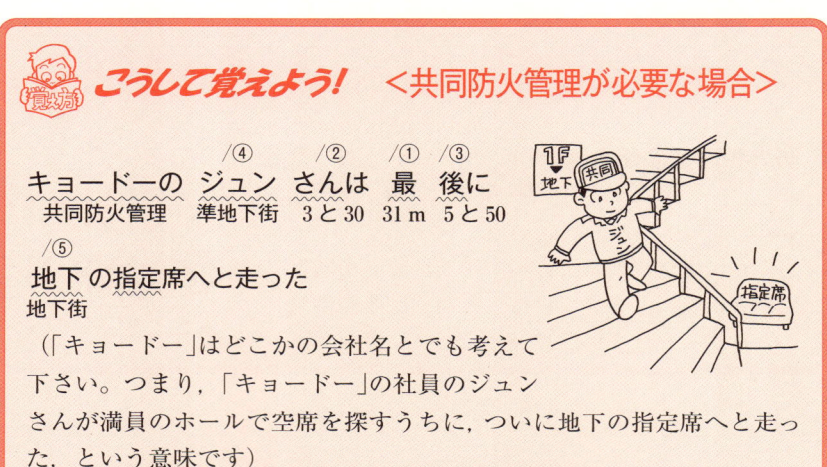

こうして覚えよう！ ＜共同防火管理が必要な場合＞

キョードーの　ジュン　さんは　最　後に
共同防火管理　準地下街　3と30　31m　5と50
　　／④　　　／②　　　／①　／③

地下 の指定席へと走った
地下街
／⑤

（「キョードー」はどこかの会社名とでも考えて下さい。つまり，「キョードー」の社員のジュンさんが満員のホールで空席を探すうちに，ついに地下の指定席へと走った，という意味です）

（注）　共同防火管理が必要な防火対象物には，同時に**統括防火管理者**も選任する必要があり，また，<u>一定の大規模防火対象物</u>＊の場合は，さらに**統括防災管理者**も選任する必要があります。

※：① 11階以上で10,000 m² 以上
　　② 5階以上10階以下で20,000 m² 以上
　　③ 4階以下で50,000 m² 以上
　　④ 地下街で1,000 m² 以上など
（注：共同住宅，倉庫，格納庫等は除く。また，面積は延べ面積です。）

（4） 防火対象物の定期点検制度 （消防法第8条の2の2）

　一定の防火対象物の管理権原者は，防火対象物点検資格者に防火管理上の業務や消防用設備等，その他火災予防上必要な事項について定期的に点検させ，消防長または消防署長に報告する必要があります。

　なお，この場合，注意しなければならないのは，この定期点検は，設置状況や維持の内容などのチェックを行うソフト面に関する点検であるのに対し，消防用設備等の定期点検（P 41）は，機器そのものをチェックするハード面に関する点検なので，両者の違いをよく把握しておいて下さい。

1. 防火対象物点検資格者について

　防火管理者，消防設備士，消防設備点検資格者の場合は，3年以上の実務経験を有し，かつ，登録講習機関の行う講習を終了した者。

2. 防火対象物点検資格者に点検させる必要がある防火対象物

- 特定防火対象物（準地下街は除く）で収容人員が300人以上のもの
- 特定1階段等防火対象物

3. 点検および報告期間

　1年に1回

4. 報告先

　消防長または消防署長

5. 点検基準に適合している場合

　利用者に当該防火対象物が消防法令に適合しているという情報を提供するために，点検済証を交付します。

危険物施設に関する規定

(1) 危険物施設の警報設備

指定数量の 10 倍以上の危険物を貯蔵し，または取り扱う危険物製造所等（移動タンク貯蔵所を除く）には，次のような警報設備が 1 種類以上必要となります。

① 自動火災報知設備
② 拡声装置
③ 非常ベル装置
④ 消防機関へ通報できる電話
⑤ 警鐘

消防用設備等の設置, 維持に関する規定

(消防法第17条)

(1) 消防用設備等の種類（消防法施行令第7条）

表1-2 消防用設備等の種類

- 消防の用に供する設備
  - 消火設備
    - 1. 屋内消火栓設備
    - 2. 屋外消火栓設備
    - 3. ハロゲン化物消火設備
    - 4. 不活性ガス消火設備
    - 5. 水噴霧消火設備
    - 6. 粉末消火設備
    - 7. 泡消火設備
    - 8. スプリンクラー設備
    - ●9. 動力消防ポンプ設備
    - 10. 消火器, ●簡易消火用具
      （水バケツ, 水槽, 乾燥砂等）
  - 警報設備
    - 1. 自動火災報知設備
    - 2. 消防機関へ通報する火災報知設備
    - 3. 漏電火災警報器
    - 4. ガス漏れ火災警報設備
    - ●5. 非常警報器具（警鐘, 携帯用拡声器, 手動式サイレン等）
      または非常警報設備（非常ベル, 自動式サイレン, 放送設備）
  - 避難設備
    - 1. ●すべり台, 避難はしご, 救助袋, 緩降機, 避難橋など
    - ●2. 誘導灯, 誘導標識
- ●消防用水 ── 防火水槽, またはこれに代わる貯水池その他の用水
- ●消火活動上必要な施設
  （波線は, 次頁の「こうして覚えよう」に使う部分です）
    - 1. 無線通信補助設備
    - 2. 非常コンセント設備
    - 3. 排煙設備
    - 4. 連結散水設備
    - 5. 連結送水管

* 消火活動上必要な施設とは, 消防隊の活動に際して必要となる施設のことをいいます。

　●印の付いたもの（注：下線のあるものはその設備のみが対象です）は消防設備士でなくても工事や整備などが行える設備等です（P47 消防設備士の業務独占参照）。

こうして覚えよう！　＜消防用設備等の種類＞

1. 消防の用に供する設備

   要は　火　け　し
   用　避難　警報　消火

2. 消火活動上必要な施設

   消火活動は　向　こう　　　の　晴　れた
   　　　　　　無線　コンセント　　排煙　連結

   所でやっている

　次の(2)では，消防用設備等を設置すべき防火対象物ということで**防火対象物**の方について説明していますが，ここでは設置する方の**消防用設備等**について説明したいと思います。

　その消防用設備等ですが，大別すると前ページの表1-2のように，「**消防の用に供する設備**」「**消防用水**」「**消火活動上必要な施設**」に分類され，「消防の用に供する設備」は，さらに**消火設備，警報設備，避難設備**に分かれています。

(2)　消防用設備等を設置すべき防火対象物

　次ページの表1-3参照。

表1-3 消防用設備等の設置義務がある防火対象物（令別表第1）

注）色アミ部分は特定防火対象物

項		防火対象物
(1)	イ	劇場・映画館・演芸場又は観覧場
	ロ	公会堂，集会場等
(2)	イ	キャバレー・カフェ・ナイトクラブ・その他これらに類するもの
	ロ	遊技場またはダンスホール
	ハ	性風俗営業店舗等
	ニ	カラオケボックス，インターネットカフェ，マンガ喫茶等
(3)	イ	待合・料理店・その他これらに類するもの
	ロ	飲食店
(4)		百貨店・マーケット・その他の物品販売業を営む店舗または展示場
(5)	イ	旅館・ホテル・宿泊所・その他これらに類するもの
	ロ	寄宿舎・下宿または共同住宅
(6)	イ	病院・診療所または助産所
	ロ	老人短期入所施設，養護老人ホーム，有料老人ホーム（要介護）等
	ハ	有料老人ホーム（要介護除く），保育所等
	ニ	幼稚園，特別支援学校
(7)		小学校・中学校・高等学校・中等教育学校・高等専門学校・大学・専修学校・各種学校・その他これらに類するもの
(8)		図書館・博物館・美術館・その他これらに類するもの
(9)	イ	公衆浴場のうち蒸気浴場・熱気浴場・その他これらに類するもの
	ロ	イに掲げる公衆浴場以外の公衆浴場
(10)		車両の停車場または船舶若しくは航空機の発着場（旅客の乗降または待合い用に供する建築物に限る）
(11)		神社・寺院・教会・その他これらに類するもの
(12)	イ	工場または作業場
	ロ	映画スタジオまたはテレビスタジオ
(13)	イ	自動車車庫，駐車場
	ロ	格納庫（飛行機，ヘリコプター）
(14)		倉庫
(15)		前各項に該当しない事業場（事業所など）
(16)	イ	複合用途防火対象物（一部が特定防火対象物）
	ロ	イに掲げる複合用途防火対象物以外の複合用途防火対象物
(16-2)		地下街
(16-3)		準地下街
(17)		重要文化財等
(18)		延長50m以上のアーケード
(19)		市町村長の指定する山林
(20)		総務省令で定める舟車

(3) 消防用設備等の設置及び維持の技術上の基準

1. 消防用設備等の設置単位

　消防用設備等の設置単位は，特段の規定がない限り棟単位に基準を適用するのが原則です。しかし，次のような例外もあります。

① 「開口部のない耐火構造の床または壁」で区画されている場合
　⇒　その区画された部分は，それぞれ別の防火対象物とみなします。
　　　従って，たとえ全体としては1棟の防火対象物であっても，その様な区画があれば，その区画された防火対象物ごとに基準が適用されることになります。
　　　たとえば，図の(a)は1棟の防火対象物ですが，その防火対象物を(b)のように開口部のない耐火構造の壁で区画してしまうと，200 m^2 と300 m^2 の別々の防火対象物となる，というわけです。

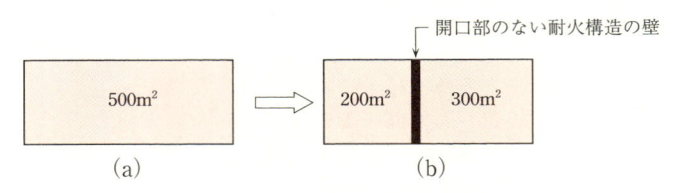

図1-2　1棟の防火対象物を区画した場合

② 複合用途防火対象物の場合
　　複合用途防火対象物の場合は，同じ用途部分を1つの防火対象物とみなして基準を適用します。
　　たとえば，1階と2階がマーケットで3階から5階までが共同住宅の場合，1階と2階で1つの防火対象物，3階から5階までで1つの防火対象物とみなして床面積を計算し，基準を適用します。

図1-3　複合用途防火対象物の場合

> 下記の設備の基準を適用する場合は，各用途部分ではなく，1棟を単位として基準を適用します。
> - スプリンクラー設備　　・避難器具
> - 自動火災報知設備　　　・誘導灯
> - ガス漏れ火災警報設備　・漏電火災警報器
> - 非常警報設備

③　地下街の場合

地下街の場合，いくつかの用途に供されていても全体を1つの地下街（1つの防火対象物）として基準を適用します。

④　渡り廊下などで防火対象物を接続した場合の取り扱い

原則として1棟として取り扱います。ただし，一定の防火措置を講じた場合は，別棟として取り扱うことができます。

2. 附加条例　（消防法第17条第2項）

市町村は，消防用設備等の技術上の基準について，その地方の気候又は風土の特殊性により，政令又はこれに基づく命令の規定によっては防火の目的を充分に達し難いと認めるときは，当該政令又はこれに基づく命令の規定と異なる規定をその**条例**によって設けることができます。

| 政令や命令の規定と異なる規定　⇒ | 市町村条例によって設けることができる。 |

ただし，基準を緩和する規定は設けることは出来ないので，注意して下さい。

3. 既存の防火対象物に対する基準法令の適用除外

（消防法第17条の2）

この規定は非常によく出題されている重要ポイントなので，その内容をよく把握しておく必要があります。

さて，この規定をわかりやすく言うと，ある建築物（防火対象物）を建てたあとに法律が変わった場合，その法律をさかのぼって（＝そ及して）適用するかしないか，ということに関する規定です。

変わったあとの法律を「現行の基準法令」と言い，変わる前の法律を「従前の基準法令」という言い方をします。

① そ及適用の必要がある場合
　　次の防火対象物は，常に現行の基準法令に適合させる必要があります。
　　・　特定防火対象物
　　・　特定防火対象物以外の防火対象物で，次の条件に当てはまるもの。

≪条件≫
1. 改正前の基準法令に適合していない場合
　⇒　この場合，わざわざ改正前の基準に適合させる必要はなく，**改正後の基準に適合させます。**
2. 現行の基準法令に適合するに至った場合
　（⇒自主設置の消防用設備等が法令の改正により基準法令に適合してしまった場合）
3. 基準法令の改正後に次のような工事を行った場合
　　○　床面積 1000 m² 以上，または
　　　　従前の延べ面積の 2 分の 1 以上の増改築
　　○　大規模な修繕若しくは模様替えの工事
　　　（ただし，主要構造部である壁について行う場合に限ります。）

　　床面積 1000 m² 以上，
　　　または
　　従前の延べ面積の 2 分の 1
　　以上の増改築　　　　　⇒　そ及適用の必要あり

4. 次の消防用設備等については，常に現行の基準に適合させる必要があります。(下線部は,「こうして覚えよう」に使う部分です)　※特防＝特定防火対象物
　　○　漏電火災警報器
　　○　避難器具
　　○　消火器または簡易消火用具
　　○　自動火災報知設備（地下街，準地下街除く特防*と重要文化財のみ）
　　○　ガス漏れ火災警報設備（特防と法で定める温泉採取設備）
　　○　誘導灯または誘導標識
　　○　非常警報器具または非常警報設備

法令　共通部分

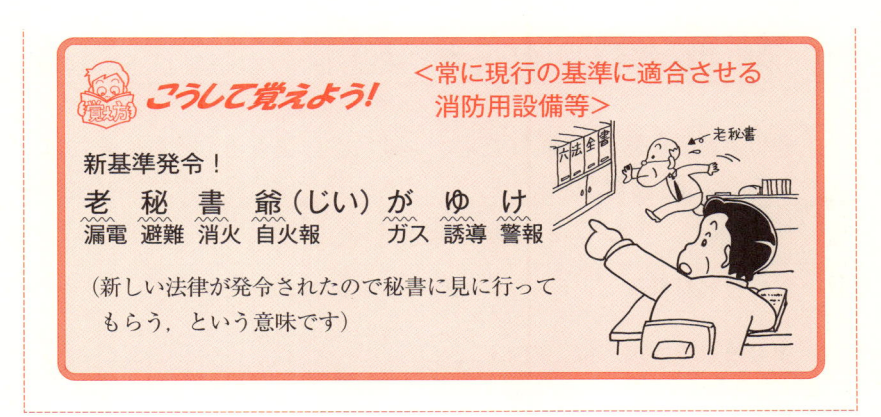

> **こうして覚えよう！**
>
> ＜常に現行の基準に適合させる消防用設備等＞
>
> 新基準発令！
>
> **老　秘　書　爺（じい）　が　ゆ　け**
> 漏電　避難　消火　自火報　　　ガス　誘導　警報
>
> （新しい法律が発令されたので秘書に見に行って
> 　もらう，という意味です）

② そ及適用しなくてもよい場合（⇒ 現状のままでよいもの）
　　①以外の防火対象物。
　⇒　これは，既存の防火対象物（現に存在するかまたは新築や増築等の工事中である防火対象物のこと）の場合，従前の基準法令に適合させて建築や工事を行っており，これを現行の基準法令に適合させようとすると防火対象物の構造自体に手を加える必要が出てくるし，また経済的負担も大きくなるからです。

4. 用途変更の場合における基準法令の適用除外

　用途変更の場合も 3. 既存の防火対象物に対する基準法令の適用除外 と同様に取り扱います。つまり，「原則として従前の用途（変更前の用途）での基準に適合していればよい」とされていますが，①の防火対象物は，**新しい用途における基準に適合させる必要があります**。

> ＜用途変更の場合における基準法令の適用除外＞
> 　3. の（既存の防火対象物に対する）基準法令
> を用途変更に置き換える。

(4) 消防用設備等を設置した際の届出, 検査 (消防法第17条の3の2)

1. 消防用設備等を設置した時, 届け出て検査を受けなければならない防火対象物 （消防法施行令第35条）

表1-4 （表1-6と比較しよう）

(a)	特定防火対象物	延べ面積が300m^{2}以上※のもの
(b)	その他の防火対象物	延べ面積が300m^{2}以上で, かつ, 消防長または消防署長が指定したもの
(c)	特定1階段等防火対象物	すべて

※6項ロ（要介護の老人ホーム等）及び6項ロの用途部分を含む16項イ（特防含む複合用途防火対象物）, 16の2（地下街）, 16の3（準地下街）は延べ面積に関わらず全てが対象です。

2. 設置しても届け出て検査を受けなくてもよい消防用設備

簡易消火用具および非常警報器具

3. 届け出を行う者

防火対象物の関係者（所有者, 管理者または占有者）

4. 届け出先

消防長（消防本部のない市町村はその市町村長）または消防署長

5. 届け出期間

工事完了後4日以内

【関連】
　設置した際の届出, 検査については, 上記のとおりですが, その設置を実際に行う甲種消防設備士は, その設置工事の着工届を工事の着工10日前までに行う必要があります。
　（詳細はP50（3）の 3. 消防用設備等の着工届出義務 参照）

(5) 消防用設備等の定期点検 (消防法第17条の3の3)

　防火対象物の関係者は，消防用設備等または特殊消防用設備等について定期的に一定の資格者（または関係者自身）に点検を行わせ，その結果を消防機関に報告する**義務**があります。

1. 点検の種類および点検の期間

表1－5

点検の種類	点検の期間	点検の内容
機器点検	6か月に1回	外観や機能などの点検
総合点検	1年に1回	総合的な機能の確認

2. 点検を行う者

① 消防設備士または消防設備点検資格者が点検するもの

表1－6（表1－4と比較しよう）

(a)	特定防火対象物	延べ面積が1000m² 以上のもの
(b)	その他の防火対象物	延べ面積が1000m² 以上で，かつ，消防長または消防署長が指定したもの
(c)	特定1階段等防火対象物	すべて

　　⇒　これらの大規模な防火対象物は，火災時に，より人命の危険が高いので有資格者に点検させるわけです。

　（注）　この場合でも点検結果の報告は**防火対象物の関係者**が行います。

（表1-8参照）

② **防火対象物の関係者が点検を行うもの**
　　⇒　上記以外の防火対象物

3. 消防設備士が点検を行うことができる消防用設備等の種類

その免状の種類に応じて，消防庁長官が告示により定める種類の消防用設備等について，点検を行うことができます。

4. 点検結果の報告

① **報告期間**

表1-7

特定防火対象物	1年に1回
その他の防火対象物	3年に1回

② **報告先**
消防長（消防本部のない市町村はその市町村長）または消防署長

③ **報告を行う者**
防火対象物の関係者

さて，ここまで説明してきた（4）と（5）をまとめると，下記の表のようになります。

表1-8 届け出および報告のまとめ

	届出を行う者	届け出先	期限
消防用設備等を設置した時	防火対象物の関係者	消防長等	工事完了後4日以内
工事の着工届	甲種消防設備士	消防長等	工事着工10日前まで
消防用設備等の点検結果の報告	（報告を行う者）防火対象物の関係者	（報告先）消防長等	（報告期間） ・特防：1年に1回 ・その他：3年に1回

(6) 消防用設備等の設置維持命令

(消防法第17条の4)

　消防長または消防署長は，消防用設備等または特殊消防用設備等が技術基準に従って設置され，または設置されていないと認めるときは，当該**防火対象物の関係者で権原を有する者**に対し，設備等技術基準に従って設置すべきこと，またはその維持のため必要な措置をなすべきことを命じることができます。

表1−9　設置維持命令

命令する者	消防長又は消防署長
命令を受ける者	防火対象物の関係者で権原を有する者
維持命令に違反した場合	罰則が適用される

6　検定制度（消防法第21条の2）

　検定制度は，消防用機械器具等（ただし，検定の対象となっている品目のみ）が火災時に確実にその機能を発揮するということを国が検定して保証する制度であり，これに合格した旨の表示がしてあるものでなければ**販売したり販売の目的で陳列**，あるいは**設置等**（変更や修理など）の請負工事に使用することが禁止されています。
　その検定には，型式承認と型式適合検定の2段階があります。

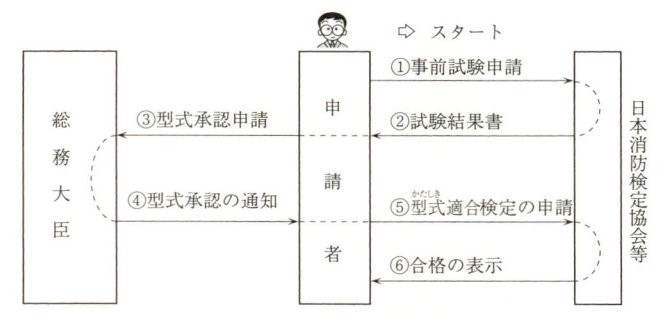

図1-4　検定の手続き

(1)　型式承認

1.　承認の方法

　検定の対象となっている消防用機械器具等の形状等が（総務省令で定める）技術上の規格に適合しているかをそのサンプルや書類から確認して承認をします。

2.　承認をする人

　⇒　総務大臣

　ただし，承認を受けるためには，あらかじめ**日本消防検定協会**が行う試験を受ける必要があります（その試験結果書と型式承認申請書を総務大臣に提出します。図1-4の①②③）。

(2) 型式適合検定（図1-4の⑤⑥）

1. 検定の方法
　製品化した消防用機械器具等の形状等が型式承認を受けた際の形状等と同一であるかを個々に検定を行います。

2. 検定を行う者
　日本消防検定協会（または法人であって総務大臣の登録を受けたもの）

3. 合格の表示
　合格をした消防用機械器具等には，日本消防検定協会（または法人であって総務大臣の登録を受けたもの）が刻印やラベルの貼り付け等の表示を行います。

図1-5　型式適合検定表示
（消火薬剤等は「合格の印」となっているので間違わないように）

(3) 検定の対象となっている品目について

1. 検定の対象となっている品目
　⇒　次頁の表参照。

2. 検定対象品目であっても検定が不要な場合
　①　輸出されるもの（ただし，総務大臣の承認を受けたもの）
　　　　　　　　（注）　輸入品の場合は検定が必要です
　②　船舶安全法の検査または試験に合格したもの
　③　航空法の検査または試験に合格したもの

表1-10　検定対象の消防用機械器具等

1. 消火器
2. 消火器用消火薬剤（二酸化炭素を除く）
3. 泡消火薬剤（水溶性液体用のものを除く）
4. 感知器または発信機（火災報知設備用）
5. 中継器（火災報知設備またはガス漏れ火災警報設備用）
6. 受信機（火災報知設備またはガス漏れ火災警報設備用）
7. 住宅用防災警報器
8. 閉鎖型スプリンクラーヘッド
9. 流水検知装置
10. 一斉開放弁（大口径のものを除く）
11. 金属製避難はしご
12. 緩降機

> **重要**　これらの器具の材質，成分及び性能は「総務省令で定める技術上の規格」で定められているので，覚えておこう！

7 消防設備士制度 (消防法第17条の5など)

(1) 消防設備士の業務独占 (注：点検は整備に準ずるものとします)

　表1-11に掲げる消防用設備等または特殊消防用設備等（以下「工事整備対象設備等」という）の工事や整備は，専門的知識を有する消防設備士でなければ行うことができません（「電源や水源の配管部分の工事」および「任意に設置した消防用設備等」は対象とはなりません）。

表1-11　消防設備士の業務独占となる工事整備対象設備等
(注：㋺はパッケージ型消火設備，パッケージ型自動消火設備を表します)

区分	消防用設備等の種類（色の付いた部分は甲種，乙種とも）
特類	特殊消防用設備等
第1類	屋内消火栓設備，屋外消火栓設備，水噴霧消火栓設備，スプリンクラー設備，㋺
第2類	泡消火設備，㋺
第3類	ハロゲン消火設備，粉末消火設備，不活性ガス消火設備，㋺
第4類	自動火災報知設備，消防機関へ通報する火災報知設備，ガス漏れ火災警報設備
第5類	金属製避難はしご（固定式に限る），救助袋，緩降機
第6類	消火器（単に設置する場合は工事に含まれない）
第7類	漏電火災警報器

○　乙種消防設備士
　⇒　消防設備士免状に指定された種類の消防用設備等の整備のみを行うことができる。
○　甲種消防設備士
　⇒　消防設備士免状に指定された種類の消防設備等の整備，工事を行うことができる。
　具体的には，

表1−12

乙種消防設備士	第1類から第7類の整備のみ
甲種消防設備士	特類及び第1類から第5類の工事と整備

※ ただし，下に示す軽微な整備（屋内消火栓設備の表示灯の交換など総務省令で定めるもの）などは消防設備士でなくても行うことができます（令第36条の2）。

こうして覚えよう！　＜業務独占の対象外のもの（消防設備士でなくても工事や整備などが行える場合）＞

1. 軽微な整備（総務省令で定めるもの）
2. 電源部分や水源の配管部分の工事
3. 任意に設置した消防用設備等
4. 表1−2（P.33）の●印の付いた設備等

（4の覚え方）⇒

非常（非常警報器具）**に 滑りやすい**（すべり台）**階（かい）**（簡易消火用具（かんい））**へ 誘導 する**（誘導灯）

努力（動力消防ポンプ）**は不要**

(2) 消防設備士免状

1. 免状の種類 （消防法第17条の6の1）

① 甲種消防設備士
　　特類および1類から5類までに分類されており，工事と整備の両方を行うことができます。
② 乙種消防設備士
　　1類から7類まで分類されており，整備のみ行うことができます。

> 【重要】
> 甲種 ⇒ 工事と整備
> 乙種 ⇒ 整備のみ

2. 免状の交付 （消防法第17条の7の1）

　都道府県が行う消防設備士試験に合格したものに対し，試験を実施した**都道府県知事**が交付します。

> 【重要】免状を交付する者 ⇒ 知事

3. 免状の効力 （消防法第17条の7の2）

　免状の効力は，その交付を受けた都道府県内に限らず全国どこでも有効です。

4. 免状の書換え （消防法施行令第36条の5）

　免状の記載事項に変更が生じた場合には，免状を交付した都道府県知事または**居住地**若しくは**勤務地**を管轄する都道府県知事に書換えを申請します。

> 【重要】免状の書換え ⇒ 居住地または勤務地を管轄する知事

5. 免状の再交付 （消防法施行令第36条の6）

　免状の再交付は，免状の交付または書換えをした都道府県知事に申請をします。

> **重要**
> 免状の再交付　⇒　免状の交付または書換えをした知事
> 　　　　　　　　（※居住地または勤務地を管轄する知事は
> 　　　　　　　　　申請先ではないので注意！）

(3) 消防設備士の責務など

1. 消防設備士の責務 （消防法第17条の12）

　消防設備士は，その責務を誠実に行い，消防用設備等の質の向上に努めなければなりません。

2. 免状の携帯義務 （消防法第17条の13）

　業務に従事する時は，消防設備士免状を携帯しなければなりません。

3. 消防用設備等の着工届義務 （消防法第17条の14）

　甲種消防設備士は，消防設備士でなければ行ってはならない消防用設備等の工事をしようとする時は，その工事に着手しようとする日の **10日前**までに**消防長**（消防本部のない市町村はその市町村長）または**消防署長**に届け出なければならないことになっています。

> **重要**
> 〈着工届〉
> 　① 届け出を行う者：
> 　　　甲種消防設備士
> 　② 届け出先：
> 　　　消防長（消防本部のない市町村はその市町村長）
> 　　　または消防署長
> 　③ 届け出期間：
> 　　　工事着工10日前まで

4. 講習の受講義務 （消防法第 17 条の 10）

業務に従事しているか否かを問わず，すべての消防設備士は，次の時期に**都道府県知事**が行う講習を受講する必要があります。

免状の交付を	受けた日以後における最初の 4 月 1 日から	2 年以内
講習を		5 年以内

コーヒーブレイク

受験に際しての注意点
「試験会場までの"足"を調べておく」

　これは当然のことですが，遅刻しないよう，あらかじめ試験会場までの交通機関，所要時間などを把握しておくことも重要な受験準備の一つです（もちろん，前もって"視察"しておくぐらいの慎重さがあった方がいいのは言うまでもありませんが……）。
　日頃使い慣れている交通機関であるからといっても，日曜祝日は運行時間が異なる場合が一般的であり，特に運行本数の少ない地方では，その読み違いが大きな誤算につながらないとも限りませんので，そのあたりも確認しておいた方が無難でしょう。

問題にチャレンジ！

（第1編　消防関係法令・共通部分）

<用語　→P.24>

問題1

消防法に規定する用語について，次のうち正しいものはどれか。
(1) 防火対象物とは，山林または舟車，船きょ若しくはふ頭に繋留された船舶，建築物その他の工作物または物件をいう。
(2) 防火対象物の関係者と言う場合の関係者に，防火対象物を占有している者は含まれない。
(3) 特定防火対象物とは，消防法施行令で定められた多数の者が出入りする防火対象物をいう。
(4) 無窓階とは，排煙上有効な開口部が一定の基準に達しない階のことである。

【解説】

(1) 防火対象物とは「山林または舟車，船きょ若しくはふ頭に繋留された船舶，建築物その他の工作物若しくはこれらに属するもの」をいい，本肢は消防対象物の説明です。
(2) 防火対象物の関係者は，「防火対象物または消防対象物の所有者，管理者または占有者」のことをいうので，占有している者も含まれます。
(3) 病院やデパートなど，不特定多数の者が出入りする防火対象物を特定防火対象物というので，正しい。なお，名称に「特定」とありますが，出入りする者は「不特定多数の者」なので注意してください。
(4) 無窓階とは，「避難上又は消火活動上有効な開口部が一定の基準に達しない階」のことをいいます。

問題2

特定防火対象物の説明として，次のうち消防法令上正しいものはどれか。

【解答】

解答は次ページの下欄にあります。

(1) 同一敷地内にある複数の建築物等の総称
(2) 消防用設備等の設置を義務づけられているすべての防火対象物
(3) 消防法施行令で定められた多数の者が出入りする防火対象物
(4) 特定された多数のものが出入りする防火対象物

解説

病院やデパートなど，不特定多数の者が出入りする防火対象物を特定防火対象物といいます。一方，多数の者が出入りしても学校や共同住宅などは特定防火対象物ではないので，注意が必要です。

問題3

消防法令上の無窓階の説明として，次のうち正しいものはどれか。
(1) 採光上有効な窓が一定基準に達しない階
(2) 排煙上有効な開口部が一定の基準に達しない階
(3) 避難上又は消火活動上有効な開口部が一定の基準に達しない階
(4) 建物外壁に窓を有しない階

解説

窓が無い階ということで，(4)が正解のように思われるかもしれませんが，そうではなく，(3)が正解です。

問題4

次の記述のうち，消防法令上，誤っているものはどれか。
(1) 消防用設備等とは，消防の用に供する設備，消防用水及び消防活動上必要な施設をいう。
(2) 関係者とは，防火対象物の所有者，管理者又は占有者をいう。
(3) 消防用設備等を設置することが義務付けられている防火対象物は，病院，旅館等不特定多数の者が出入りする防火対象物に限られる。
(4) 戸建て一般住宅については，消防用設備等の設置義務はない。

解答

【問題1】…(3)

解説

　消防用設備等を設置することが義務付けられている防火対象物は，消防法第17条により，令別表第1（P35，表1-3）に掲げられている防火対象物であり，病院，旅館等不特定多数の者が出入りする**特定防火対象物**のほか，工場や図書館などの**非特定防火対象物**も含まれています。

<特定防火対象物　⇒P.24>

問題 5

消防法令上，特定防火対象物に該当するものは，次のうちどれか。
(1)　図書館　　　(2)　映画館
(3)　共同住宅　　(4)　小学校

解説

(1)　図書館は，令別表第1(8)項に該当する非特定防火対象物です。
(2)　映画館は，令別表第1(1)項イの特定防火対象物です。
(3)　共同住宅は，寄宿舎や下宿などと同様，令別表第1(5)項ロに該当する非特定防火対象物です。
(4)　小学校などの学校は，令別表第1(7)項に該当する非特定防火対象物です。

問題 6

消防法令上，特定防火対象物に該当するものは，次のうちどれか。
(1)　幼稚園　　(2)　教会
(3)　工場　　　(4)　車庫

解説

(1)　幼稚園は，令別表第1(6)項ニに該当する特定防火対象物なので，これが正解です。

解　答

【問題2】…(3)　　【問題3】…(3)　　【問題4】…(3)

(2) 教会は，神社などと同じく，令別表第1⑾項に該当する非特定防火対象物です。
(3) 工場は，令別表第1⑿項イに該当する非特定防火対象物です。
(4) 車庫は，令別表第1⑽項に該当する非特定防火対象物です。

問題 7

消防法令上，特定防火対象物に該当するものは，次のうちどれか。
(1) 寄宿舎及び下宿
(2) 遊技場，ダンスホール
(3) 工場及び冷凍倉庫を含む作業場
(4) 図書館，博物館及び美術館

解説

令別表第1（P35）より，遊技場，ダンスホールは2項ロの特定防火対象物であり，それ以外は非特定防火対象物です。

問題 8

消防法令上，特定防火対象物に該当しないものは，次のうちどれか。
(1) 病院
(2) 幼稚園
(3) 介護を必要とする有料老人ホーム
(4) テレビスタジオ

解説

(1)の病院は6項イの，(2)の幼稚園は6項ニ，(3)の介護を必要とする有料老人ホームは6項ロの，いずれも特定防火対象物ですが，(4)のテレビスタジオは，映画スタジオと同じく，12項ロの非特定防火対象物です。

解 答

【問題5】…(2)　【問題6】…(1)

問題 9

消防法令上，特定防火対象物に該当しないものは，次のうちどれか。
(1) 百貨店
(2) 床面積 1500 m² の倉庫
(3) 旅館
(4) 診療所

解説

特定防火対象物とは，不特定多数の者が出入りする防火対象物であり，(1)の百貨店，(3)の旅館，(4)の診療所が該当します。しかし，(2)の倉庫は 14 項の非特定防火対象物です。

問題 10

消防法令上，特定防火対象物に該当しないものの組み合わせは，次のうちどれか。
(1) 旅館，ホテル及び蒸気浴場
(2) 映画館，劇場及び公会堂
(3) 小学校，博物館及び図書館
(4) キャバレー，ナイトクラブ及びダンスホール

解説

(1) 旅館，ホテルは特定防火対象物，蒸気浴場と熱気浴場も特定防火対象物です。
(2) 映画館，劇場は特定防火対象物，公会堂や集会場も特定防火対象物です。
(3) **小学校**は非特定防火対象物，美術館や**博物館**及び**図書館**なども非特定防火対象物なので，これが正解です。
(4) キャバレー，ナイトクラブ及びダンスホールはいずれも特定防火対象物です。

解 答

【問題 7】…(2)　【問題 8】…(4)

<消防同意など ⇒P.26>

問題 11

消防機関による立入り検査について，次のうち正しいものはどれか。
(1) 命令を発する者は，市町村長等である。
(2) 消防機関が立入り検査をする際は，事前通告をする必要がある。
(3) 立入り検査が行える時間は，原則として日の出から日没までである。
(4) 防火対象物内で火災の発生のおそれのある行為や，階段や廊下などに危険物や大量の物が置いてある場合，その場で行為の禁止や物件の除去の命令をすることができる。

解説

(1) 命令を発する者は，**消防長**（消防本部を置かない市町村にあっては市町村長），又は**消防署長**です。
(2) 事前通告は不要です（⇒ 抜きうち検査が可能）。
(3) 時間の制限はありません。
(4) 正しい。

問題 12

消防法についての次の記述のうち，正しいのはどれか。
(1) 消防長には，消火活動上支障があると認めた物件の除去を命じることができるが，消防吏員にはその権限はない。
(2) 消防署長は，火災発生のおそれが著しく大きく，特に緊急の必要があれば，関係者の承諾がなくても個人の住居へ立入ることを命じることができる。
(3) 消防本部を置く市町村にあっては，市町村長が消防事務に従事する職員，または常勤の消防団員に命じて立入り検査を行わせることができる。
(4) 消防団長は，火災予防上必要があると認める場合には，関係者に改修や移転などの必要な措置を命じることができる。

解 答

【問題 9】…(2)　【問題 10】…(3)

解説

(1) 消火活動上，支障があると認めた物件の除去を命じることができるのは，消防長，消防署長若しくは**消防吏員**または消防本部を置かない市町村の長となっているので，消防吏員にも権限があります。
(2) 個人の住居へ立入ることができるのは，「関係者の承諾を得た場合」または「火災発生のおそれが著しく大きく，特に緊急の必要がある場合」に限られているので正しい。
(3)「消防本部を置く市町村」ではなく「消防本部を置かない市町村」です。
(4) 防火対象物に対する措置命令において，改修や移転などを命じることができるのは，消防長，消防署長または消防本部を置かない市町村の長となっていて，消防団長は含まれていません。

問題13

建築物を新築する際の確認申請について，次のうち誤っているものはどれか。
(1) 同意を行う者は，消防長（消防本部を置かない市町村にあっては市町村長），又は消防署長である。
(2) 建築主が直接，消防長（消防本部を置かない市町村にあっては市町村長），又は消防署長に同意を求めることはできない。
(3) 確認申請は建築主事等に対して行うが，建築主事等がその確認を行うには，予め消防長等の消防同意を得ておく必要がある。
(4) 消防本部を置かない市町村の長は，一般建築物についての消防同意を求められた場合，7日以内に同意または不同意を建築主事（または特定行政庁）に通知する必要がある。

解説

(4) 一般建築物については3日，その他が7日以内です。

解答

【問題11】…(4)　【問題12】…(2)

<防火管理者 ⇒P.28>

問題 14

防火管理について，次の文中の（　）内に当てはまる消防法令に定められている語句として，正しい組み合わせはどれか。

「（ア）は，消防の用に供する設備，消防用水若しくは消火活動上必要な施設の（イ）及び整備又は火気の使用若しくは取扱いに関する監督を行うときは，火元責任者その他の防火管理の業務に従事する者に対し，必要な指示を与えなければならない。

	(ア)	(イ)
(1)	防火管理者	点検
(2)	防火管理者	工事
(3)	管理について権原を有する者	点検
(4)	甲種消防設備士	工事

解説

令第4条第3項の条文をそのまま問題にしたもので，「防火管理者は，消防の用に供する設備，消防用水若しくは消火活動上必要な施設の点検及び整備又は火気の使用若しくは取扱いに関する監督を行うときは，火元責任者その他の防火管理の業務に従事する者に対し，必要な指示を与えなければならない。」となります。

なお，第4条には，その他，「防火管理者は，規則第3条で定めるところにより，消防計画を作成し，これに基づいて消火，通報及び避難の訓練を実施しなければならない。」「特定防火対象物の防火管理者は，消火訓練及び避難訓練を年2回以上実施し，消火訓練及び避難訓練を実施する場合には，あらかじめ，その旨を消防機関に通報しなければならない。」などの規定もあります。

解　答

【問題13】…(4)

問題 15

防火管理者を選任する必要がない防火対象物は，次のうちどれか。
(1) 収容人員が55名の寄宿舎
(2) 同じ敷地内に所有者が同じで，収容人員が15名のカフェと収容人員が13名の料理店がある場合
(3) 同じ敷地内に所有者が同じで，収容人員が20名と収容人員が35名の2棟のアパートがある場合
(4) 収容人員が45名の幼稚園

解説

　防火管理者を置かなければならない防火対象物は，令別表第1に掲げる防火対象物のうち，**特定防火対象物の場合が30人以上，その他の防火対象物の場合が50人以上**の場合です。

　従って，(1)の寄宿舎は非特定防火対象物なので，50人以上の場合に選任する必要があり，また，(4)の幼稚園は，特定防火対象物なので，30人以上の場合に選任する必要があり，いずれも，「選任する必要がある防火対象物」となります。

　一方，同じ敷地内に管理権原を有する者が同一の防火対象物が2つ以上ある場合は，それらを一つの防火対象物とみなして収容人員を合計します。

　従って，(2)の場合は，カフェ，料理店ともに特定防火対象物であり，収容人員は，15名＋13名＝28名と30名未満となるので，選任する必要はなく，これが正解です。

　また，(3)はアパートなので，非特定防火対象物であり，収容人員は，20名＋35名＝55名と，50名以上となるので選任する必要があります。

問題 16

管理について権原が分かれている（＝複数の管理権原者がいる）次の防火対象物のうち，共同防火管理協議会の設置が必要なものはどれか。
(1) 地下街で，消防長または消防署長の指定のないもの。
(2) 高さが55mの事務所ビルで，消防長または消防署長の指定のないもの。
(3) 駐車場と共同住宅からなる複合用途防火対象物で，収容人員が110人

解　答

【問題14】…(1)

で，かつ，地階を除く階数が 4 のもの。
(4)　料理店と映画館からなる複合用途防火対象物で，収容人員が 550 人で，かつ，地階を除く階数が 2 のもの。

|解説|

P 29 の(3)の共同防火管理協議会の設置が必要な場合の条件を参照しながら確認すると，
(1)　指定がない地下街なので，置く必要はありません。
(2)　用途に関係なく，高さが 31 m を超える建築物には共同防火管理協議会の設置が必要なので，これが正解です。
(3)　駐車場と共同住宅なので，③の特定用途部分を含まない複合用途防火対象物ということになり，その場合，地階を除く階数が 5 以上で共同防火管理協議会を設置する必要があるので，4 ではその必要はありません。
(4)　料理店と映画館は特定用途部分なので，②の条件となりますが，その場合，地階を除く階数が 3 以上である必要があるので，2 では共同防火管理協議会を設置する必要はありません。

|問題 17|

消防計画に基づき実施される各状況を記載した書類として，消防法令上，防火管理維持台帳に保存しておくことが規定されていないものは，次のうちどれか。
(1)　消防用設備等又は特殊消防用設備等の工事経過の状況
(2)　消防用設備等又は特殊消防用設備等の点検及び整備の状況
(3)　避難施設の維持管理の状況
(4)　防火上の構造の維持管理の状況

|解説|

消防計画に基づき実施される各状況を記載した書類として，防火管理維持台帳に保存しておくことが規定されている事項は，規則第 4 条の 2 の 4 に規定があり，その内容については，次のようになっています。
　　①　消防用設備等又は特殊消防用設備等の点検及び整備の状況

|解　答|

【問題 15】…(2)

② 避難施設の維持管理の状況
③ 防火上の構造の維持管理の状況
④ 防火対象物についての火災予防上の自主検査の状況
⑤ 防火管理上必要な教育の状況　　　　　　　　　　　など。

(2)は①，(3)は②，(4)は③より，規定されていますが，(1)については，含まれていないので，これが正解です。

問題 18

防火対象物点検資格者について，次のうち正しいものはどれか。
(1) 管理権原者も，登録講習機関の行う講習を受ければ点検を自ら行うことができる。
(2) 防火管理者は点検を行うことはできない。
(3) 消防設備士の場合，必要とされる実務経験は1年以上である。
(4) 消防設備点検資格者の場合，3年以上の実務経験があり，かつ，登録講習機関の行う講習を終了しなければならない。

解説

(1) 管理権原者というだけでは，防火対象物点検資格者にはなれません。
(2) 防火管理者も実務経験があり，登録講習機関の行う講習を終了すれば点検を行うことができます。
(3) 他の資格者と同じく，**3年**です。
(4) 正しい。

＜消防用設備等に関する規定　⇒P.33＞

問題 19

消防法令に定められている用語の定義又は説明として，次のうち誤っているものはどれか。
(1) 消防の用に供する設備………消火設備，警報設備及び避難設備をいう。
(2) 消火活動上必要な施設………排煙設備，連結散水設備，連結送水管，非常コンセント設備及び屋外消火

解　答

【問題 16】…(2)　【問題 17】…(1)

栓設備をいう。
(3) 防火対象物の関係者……………防火対象物の所有者，管理者又は占有者をいう。
(4) 複合用途防火対象物…………政令で定める2以上の用途に供される防火対象物をいう。

解説

(2)は，屋外消火栓設備を無線通信補助設備に替えれば正しい内容になります（屋外消火栓設備は，「消火設備」に含まれる消防用設備等です）。

問題 20

消防法令に定められている消防用設備等に該当しないものは，次のうちどれか。
(1) 膨張ひる石　　　(2) 屋内消火栓設備
(3) 避難ロープ　　　(4) 住宅用防災報知設備

解説

(1) 膨張ひる石は**簡易消火用具**なので，消火設備になります。
(2) 屋内消火栓設備も消火設備です。
(3) 避難ロープは，すべり台や避難梯子，救助袋，誘導灯，誘導標識等と同じく，**避難設備**です。
(4) 住宅用防災報知設備は，消防法第17条の規定に基づく消防用設備等ではなく，市町村条例（火災予防条例）で規定される設備です。

問題 21

消防用設備等の種類について，次のうち消防法令上誤っているものはどれか。
(1) 連結送水管は，消火器と同じく，消火設備に含まれる。
(2) 避難橋は，滑り台や誘導灯と同じく，避難設備に含まれる。
(3) 屋内消火栓設備は，粉末消火設備やスプリンクラー設備と同じく，消火設備に含まれる。
(4) 漏電火災警報器は，非常警報設備と同じく，警報設備に含まれる。

解　答

【問題18】…(4)

解説

P33の表1-2を参照しながら解説していきます。
(1) 誤り。
　連結送水管は，非常コンセント設備や連結散水設備と同じく，**消火活動上必要な施設**であり，消火器は**消火設備**に含まれる消防用設備等です。
(2) 正しい。
　避難橋は，すべり台や誘導灯と同じく，**避難設備**に含まれます。
(3) 正しい。
　屋内消火栓設備は，(1)の消火器と同じく，**消火設備**に含まれる消防用設備等です。
(4) 正しい。
　漏電火災警報器は，自動火災報知設備や非常警報設備と同じく，**警報設備**に含まれる消防用設備等です。

問題 22

消防法令に定める「消防用設備等」の種類について，次のうち誤っているものはどれか。

(1) 動力消防ポンプ設備は消火設備に含まれる。
(2) 水バケツ，水槽，乾燥砂，膨張ひる石等は，消火設備に含まれる簡易消火用具である。
(3) 緩降機は，すべり台や誘導灯と同じく，避難設備に含まれる。
(4) 消防機関へ通報する火災報知設備は，無線通信補助設備と同じく消火活動上必要な施設に含まれる。

解説

　消防機関へ通報する火災報知設備は，漏電火災警報器や自動火災報知設備等と同じく，**警報設備**です。

問題 23

消防法令上，「消火設備」に含まれるものは，次のうちどれか。

解　答

【問題19】…(2)　【問題20】…(4)　【問題21】…(1)

(1)　連結送水管　　　　　(2)　防火水槽
(3)　動力消防ポンプ設備　(4)　連結散水設備

解説

(1)の連結送水管と(4)の連結散水設備は，**消火活動上必要な施設**であり，(2)の防火水槽は，**消防用水**です。また，(3)の動力消防ポンプ設備は，スプリンクラー設備と同じく，**消火設備**に含まれる消防用設備等です。

<設置単位　⇒P.36>

問題 24

消防用設備等を設置しなければならない防火対象物に関する説明として，次のうち消防法令上正しいものはどれか。

(1)　複合用途防火対象物では，各階ごとを一の防火対象物とみなして消防用設備等を設置しなければならない。
(2)　複合用途防火対象物では，常にそれぞれの用途区分ごとに消防用設備等を設置しなければならない。
(3)　複合用途防火対象物では，主たる用途区分に適応する消防用設備等を設置しなければならない。
(4)　複合用途防火対象物でも，ある種の消防用設備等を設置すれば，一の防火対象物とみなされる場合がある。

解説

複合用途防火対象物に消防用設備等を設置する場合は，原則として**各用途部分を1つの防火対象物とみなして基準を適用**します。
　従って，(1)の「各階ごと」というのは誤りで，(3)の「（複合用途防火対象物の）主たる用途区分」というのも誤りです。
　また，この規定には**例外**があり，ある特定の設備（P37の「参考」参照）を設置する場合は，**全体を1つの防火対象物**とみなします。
　従って，(2)の「常にそれぞれの用途区分ごと」というのは誤りで（⇒　原則として用途区分ごとに設置する必要があるが，例外もあるので「常に」の

解　答

【問題22】…(4)

問題 25 [重要]

消防用設備等を設置する場合の防火対象物の数の算定方法として，次のうち消防法令上正しいものはどれか。

(1) 同一敷地内にある2以上の防火対象物は，原則として一の防火対象物とみなされる。
(2) 開口部のない耐火構造の床又は壁で区画されているときは，その区画された部分はそれぞれ別の防火対象物とみなされる。
(3) 耐火構造の床又は壁で区画され，開口部に特定防火設備である防火戸が設けられているときは，その区画された部分はそれぞれ別の防火対象物とみなされる。
(4) 耐火構造の床又は壁で区画され，かつ，開口部にドレンチャー設備が設けられているときは，その区画された部分はそれぞれ別の防火対象物とみなされる。

解説

消防用設備等の設置単位は，特段の規定がない限り棟単位に基準を適用するのが原則ですが，次のような例外もあります。

> ① 開口部のない耐火構造の床または壁で区画されている場合
>   （⇒ 1棟であっても別の防火対象物とみなす）
> ② 複合用途防火対象物
>   （⇒ 同じ用途部分を1つの防火対象物とみなす）
> ③ 地下街（⇒ 全体を1つの防火対象物とみなす）
> ④ 地下街と接続する特定防火対象物の地階で消防長又は消防署長が指定した場合（ただし，特定の設備のみ）
> ⑤ 渡り廊下などで防火対象物を接続した場合
>   （⇒ 2棟であっても1つの防火対象物とみなすが，例外もある）

まず，(1)については，同一敷地内に2以上の防火対象物があっても，上の

解 答

【問題23】…(3)　【問題24】…(4)

条件の⑤のように，渡り廊下などで防火対象物を接続する場合を除き，原則としては別々の防火対象物とみなされるので，誤りです。

(3)は，たとえ特定防火設備である防火戸が設けられていても，開口部があれば別の防火対象物とは見なされず，また，(4)も，ドレンチャー設備が設けられていても開口部があれば，別の防火対象物とは見なされないので，誤りです。

なお，「店舗の出入り口部分と共同住宅の玄関入り口部分は共用であるが，その他の部分は耐火構造で完全に区画されている場合」のような出題例もありますが，店舗の出入り口部分と共同住宅の玄関入り口部分が共用なので，完全に区画されている状態とはならず，(3)や(4)と同様，別の防火対象とは見なされません。

問題 26

消防用設備等の設置単位について，次のうち誤っているのはどれか。
(1) 複合用途防火対象物の場合，原則として各用途部分を1つの防火対象物とみなして基準を適用する。
(2) 1階がマーケットで2階以上が共同住宅の耐火構造の場合，マーケットの出入口部分と共同住宅の入口部分は共用であるが，その他の部分は耐火構造で区画されていれば別の防火対象物とみなされる。
(3) 地下街の場合は，複合用途防火対象物と同じく各用途部分を1つの防火対象物とみなして基準を適用する。
(4) 複合用途防火対象物に自動火災報知設備の基準を適用する場合は，全体を1つの設置単位とみなして基準を適用する。

解説

(2) 別の防火対象物とみなされる為には，「開口部のない耐火構造の床および壁で完全に区画されている」必要がありますが，「出入口部分が共用」ということは完全に区画されておらず，よって，誤りです。

なお，複合用途防火対象物の場合は，原則として各用途部分を1つの防火対象物とみなして基準を適用しますが，自動火災報知設備など特定の消防用設備等の基準を適用する場合は，全体を1つの設置単位とみなして基準を適用します。

解 答

【問題 25】…(2)

問題 27

1階がマーケットで2階以上が共同住宅の耐火建築物に，消防用設備等を設置する場合，それぞれが別の防火対象物とみなされる条件として，次のうち消防法令上正しいものはどれか。

(1) マーケットの出入り口部分と共同住宅の玄関入り口部分は共用であるが，その他の部分は耐火構造で完全に区画されている。
(2) マーケットと共同住宅とは耐火構造で開口部のない床及び壁で完全に区画されている。
(3) マーケットの事務所への廊下と共同住宅のエレベーターホールは，つながっているが，特定防火設備である防火戸で区画されている。その他の部分は，耐火構造で完全に区画されている。
(4) 共同住宅の居住者の利便性を考慮して，マーケットへの専用の出入り口がある。しかし，特定防火設備である防火戸で完全に区画されている。

解説

別の防火対象物とみなされる為には，**「開口部のない耐火構造の床および壁で完全に区画されている」** 必要があります。

(1) 誤り。
「マーケットの出入り口部分と共同住宅の玄関入り口部分は共用」ということは完全に区画されていないので，別の防火対象物とはみなされません。
(2) 正しい。
「開口部のない耐火構造の床および壁で完全に区画されている」 ので，別の防火対象物とみなされます。
(3) 誤り。
事務所への廊下とエレベーターホールがつながっているので，別の防火対象物とはみなされません。
(4) 誤り。
共同住宅からマーケットへの専用の出入り口があるので，別の防火対象物とはみなされません。

解答

【問題 26】…(2)

問題にチャレンジ！

問題 28

百貨店の地階で，地下街と一体を成すものとして消防長又は消防署長が指定したものについて，当該地階を地下街の一部とみなして消防法令を適用して設置する消防用設備等として，次のうち誤っているものはどれか。
(1) 自動火災報知設備　　(2) 誘導灯
(3) ガス漏れ火災警報設備　　(4) スプリンクラー設備

解説

令第9条の2より，消防長又は消防署長が指定したものについて，当該地階を地下街の一部とみなして消防法令を適用して設置する消防用設備等については，次のようになっています。
「**自動火災報知設備，スプリンクラー設備，ガス漏れ火災警報設備，非常警報設備**」　従って，(2)の誘導灯が含まれていないので，これが誤りです。

<附加条例　⇒P.37>

問題 29

消防法第17条第2項に規定されている附加条例について，次のうち正しいものはどれか。
(1) 市町村の附加条例によって，政令で定める消防用設備等の一部を設置しなくてもよいという特例基準を定めることができる。
(2) 市町村の附加条例によって，政令で定める防火対象物以外の防火対象物に対して消防用設備等の設置を義務付けることができる。
(3) 市町村の附加条例によって，消防用設備等の設置及び維持に関する技術上の基準について政令で定める基準を緩和することができる。
(4) 市町村の附加条例によって，消防用設備等の設置及び維持に関する技術上の基準について政令で定める基準を強化することができる。

解説

消防法第17条第2項に規定されている附加条例とは，国で定めた基準とは別に，その地方の気候または風土の特殊性を加味して定めることができる

解　答

【問題27】…(2)

問題演習（消防関係法令）

市町村条例のことで，基準を強化する規定を定めることはできても，緩和する規定は設けることはできません。

従って，(3)は誤りで(4)が正しい，ということになります。

(1)，(2)については，市町村の附加条例によって，政令で定める基準を強化する規定を定めることはできますが，政令で定める基準とは別の基準を定めることはできないので，誤りです。

問題 30

地方の気候又は風土の特殊性によっては，消防用設備等の技術上の基準を定める政令又はこれに基づく命令の規定と異なる規定を設けることができるとされているが，この場合の規定に関する説明として，消防法令上誤っているものはどれか。
(1) 政令又はこれに基づく命令のみでは，防火の目的を十分に達することが難しい場合に規定することができる。
(2) 家屋の過密地域の場合は，政令又はこれに基づく命令よりも厳しい規定を設けることができる。
(3) 市町村条例により規定することができる。
(4) 風土の特殊性により技術上の基準を一部緩和することができる。

解説

前問の解説より，基準を緩和する規定は設けることはできません。

＜基準法令の適用除外　⇒P.37＞

問題 31

消防用設備等の技術上の基準の改正と，その適用について，次のうち消防法令上正しいものはどれか。
(1) 現に新築中又は増改築工事中の防火対象物の場合は，すべて新しい基準に適合する消防用設備等を設置しなければならない。
(2) 現に新築中の特定防火対象物の場合は，従前の規定に適合していれば改正基準を適用する必要はない。

解　答

【問題28】…(2)　【問題29】…(4)

⑶　既存の防火対象物に設置されている消防用設備等が，設置されたときの基準に違反している場合は，設置したときの基準に適合するよう設置しなければならない。
⑷　原則として既存の防火対象物に設置されている消防用設備等には適用しなくてよいが，政令で定める一部の消防用設備等の場合は例外とされている。

|解説|

⑴　新築中や増改築工事中の防火対象物は，既存の防火対象物（現に存在する防火対象物）の扱いを受けます。従って，既存の防火対象物の場合は，原則としては**従前の基準に適合**していればよい，とされているので，誤りです。
⑵　特定防火対象物の場合は，常に改正基準（現行の基準）に適合させる必要があるので，誤りです。
⑶　既存の防火対象物に設置されている消防用設備等が，設置されたときの基準に違反している場合は，「設置したときの基準」ではなく，「改正後の基準」に適合するよう設置しなければならないので，誤りです。
⑷　問題文の前半は，⑴の解説より正しく，また，一定の消防用設備等（P38の4）はその例外とされているので，問題文の後半も正しい。

問題32

既存の防火対象物を消防用設備等の技術上の基準が改正された後に増築又は改築した場合，消防用設備等を改正後の基準に適合させなければならない増築又は改築の規模として，次のうち消防法令上正しいものはどれか。
⑴　増築に係る当該防火対象物の部分の床面積の合計が，600 m² となる場合
⑵　増築又は改築以前の当該防火対象物の延べ面積と，増築又は改築以後の延べ面積との差が，500 m² となる場合
⑶　改築に係る当該防火対象物の部分の床面積の合計が，1000 m² となる場合

|解　答|

【問題30】　…⑷

(4) 増築に係る当該防火対象物の部分の床面積の合計が，その防火対象物の延べ面積の $\frac{1}{3}$ となる場合

|解説|

現行の基準法令(改正後の基準)に適合させなければならない「増改築」は，

(ア) 床面積 1000 m² 以上
(イ) 従前の延べ面積の $\frac{1}{2}$ 以上

の<u>どちらか</u>の条件を満たしている場合です。
(1) (ア)より，600 m² は改正後の基準に適合させなければならない増築とはならないので，誤りです。
(2) 増改築前と増改築後の差が 500 m² ということは，(ア)の 1000 m² 以上の増改築に当てはまらないので，誤りです。
(3) (ア)の条件に当てはまるので，これが正解です。
(4) $\frac{1}{3}$ は (イ)の条件に当てはまらないので，誤りです。

|問題 33|

既存の防火対象物を消防用設備等の技術上の基準が改正された後に増築又は改築した場合，消防用設備等を改正後の基準に適合させなければならない増築又は改築の規模として，次のうち消防法令上正しいものはどれか。
(1) 延べ面積が 1800 m² の工場を 2500 m² に増築した場合
(2) 延べ面積が 2200 m² の事務所のうち 900 m² を増築した場合
(3) 延べ面積が 2100 m² の共同住宅のうち 800 m² を改築した場合
(4) 延べ面積が 2000 m² の倉庫を 3300 m² に増築した場合

|解説|

前問の解説より順に検討すると，
(1) 増築した床面積は，2500−1800＝700 m² なので (ア)の条件は×で，また，従前の延べ面積 1800 m² の $\frac{1}{2}$ 以上でもないので，(イ)の条

|解　答|

【問題 31】…(4)

件も×です。
(2) 増築した床面積は，900 m² なので(ア)の条件は×で，また，900 m² は従前の延べ面積 2200 m² の $\frac{1}{2}$ 以上でもないので，(イ) の条件も×です。
(3) 改築した床面積は，800 m² なので(ア)の条件は×で，また，800 m² は従前の延べ面積 2100 m² の $\frac{1}{2}$ 以上でもないので，(イ) の条件も×です。
(4) 増築した床面積は，3300－2000＝1300 m² なので（ア）の条件が○となり，これが正解です。
　なお，1300 m² は，従前の延べ面積 2000 m² の $\frac{1}{2}$ 以上でもあるので，こちらの条件でも○です。

問題 34

既存の防火対象物を消防用設備等の技術上の基準が改正された後に大規模な修繕若しくは模様替えをした場合，消防用設備等を改正後の基準に適合させなければならない修繕若しくは模様替えに該当するものとして，次のうち消防法令上正しいものはどれか。
(1) 延べ面積が 2000 m² の共同住宅の主要構造部である壁を $\frac{1}{3}$ にわたって模様替えをする。
(2) 延べ面積が 1200 m² の倉庫の屋根を $\frac{2}{3}$ にわたって模様替えをする。
(3) 延べ面積が 3300 m² の図書館の階段を $\frac{2}{3}$ にわたって修繕をする。
(4) 延べ面積が 2500 m² の工場の主要構造部である壁を $\frac{2}{3}$ にわたって修繕する。

解説

そ及適用される「大規模な修繕若しくは模様替え」は，過半，つまり，「$\frac{1}{2}$ 以上の修繕若しくは模様替え」であり，また，対象となるのは，「**主要構造部である壁**」について行った場合です。

解　答

【問題 32 】…(3)　【問題 33 】…(4)

従って，(1)は，主要構造部である壁ではありますが，$\frac{1}{3}$は過半ではないので，誤り。(2)の屋根と(3)の階段は主要構造部ではないので，これも誤り。(4)は，主要構造部である壁であり，また，$\frac{2}{3}$は過半なので，これが正解です。

問題 35

消防用設備等の設置に関する基準が改正された場合，原則として既存の防火対象物には適用されないが，消防法令上，すべての防火対象物に改正後の規定が適用される消防用設備等は，次のうちどれか。
(1) 消防機関へ通報する火災報知設備
(2) 非常コンセント設備
(3) 動力消防ポンプ設備
(4) 非常警報設備

解説

改正後に現行の基準に適合させる必要がある消防用設備等は次のとおりです。
- ○ 漏電火災警報器
- ○ 避難器具
- ○ 消火器
- ○ 自動火災報知設備（地下街，準地下街除く特定防火対象物と重要文化財のみ）
- ○ ガス漏れ火災警報設備（特防と法で定める温泉採取設備のみ）
- ○ 誘導灯，誘導標識
- ○ 非常警報器具または**非常警報設備**

従って，(4)の非常警報設備が正解です。

問題 36

消防用設備等の設置に関する基準が改正された場合，原則として既存の防火対象物には適用されないが，消防法令上，改正後の規定に適合させなければならない消防用設備等として，次のうち正しいものはどれか。
(1) 図書館に設置されている連結散水設備

解　答

【問題 34】…(4)

(2) 工場に設置されている二酸化炭素を放射する不活性ガス消火設備
(3) ラック式倉庫に設置されているスプリンクラー設備
(4) 展示場に設置されている自動火災報知設備

解説

常に改正後（現行）基準に適合させなければならない消防用設備等はP38の4の消防用設備等であり、(1)～(4)で該当するのは、(4)の自動火災報知設備ということになります。

なお、展示場は、百貨店やマーケットと同じく令別表第1第4項の**特定防火対象物（特防）**であり、その点からでも、改正後の規定に適合させる必要があります。

問題37

既存の防火対象物の用途変更と消防用設備等（消火器、避難器具その他政令で定めるものを除く。）の技術基準の関係について、次のうち消防法令上正しいものはどれか。

(1) 用途が変更された場合、いかなる用途の防火対象物であっても用途変更後の用途に係る技術基準に従って設置する必要がある。
(2) 消防用設備等が、変更前の用途に係る技術基準に違反していた場合は、変更後の用途に係る技術基準に従い設置しなければならない。
(3) 用途が変更されて特定防火対象物になった場合、変更前の用途に係る技術基準に従って設置されていれば、変更後の用途に係る技術基準に従って設置する必要はない。
(4) 用途が変更された後に、主要構造部である壁について過半の修繕を施した場合であっても、用途変更前の用途に係る技術基準に従って設置されていれば、変更後の用途に係る技術基準に従って設置する必要はない。

解説

用途変更の場合における基準法令の適用除外も、通常の基準法令の適用除外と同様に考えます。つまり、「法令の変更」を「用途の変更」に置き換えればよいだけです。

解 答

【問題35】…(4)

(1) 用途が変更された場合は，原則はあくまでも，用途変更<u>前</u>の用途に係る技術基準に従って設置すればよいのであって，用途変更<u>後</u>の用途に係る技術基準に従って設置する必要があるのは，あくまでも例外です。
　　従って，すべて「用途変更後の用途に係る技術基準に従って設置する必要がある。」というのは，誤りです。
(2) 変更<u>前</u>の用途に係る技術基準に違反していた場合は，変更後の用途に係る技術基準に従い設置しなければならないので，正しい。
(3) 用途が変更されて**特定防火対象物**になった場合は，そ及適用されるので，変更<u>後</u>の用途に係る技術基準に従って設置する必要があります。
(4) 用途が変更された後に，主要構造部である**壁**について**過半**の修繕を施した場合は，変更<u>後</u>の用途に係る技術基準に従って設置する必要があるので，誤りです。

問題38

防火対象物の用途が変更された場合の消防用設備等の技術上の基準について，次のうち消防法令上正しいものはどれか。
(1) 防火対象物の用途が変更された場合は，変更後の用途に係る技術基準に従って設置する必要がある。
(2) 防火対象物の用途が変更された後に，主要構造部である壁について過半の修繕を施した場合であっても，用途変更前の用途に係る技術基準に適合していれば，変更後の用途に係る技術基準に従って設置する必要はない。
(3) 用途変更後，設置義務のなくなった消防用設備等については，確実に機能を停止させなければならない。
(4) 原則として用途変更前に設置された消防用設備等は，そのままにしておいてよいが，その後一定規模以上の増改築工事を行う場合は，変更後の用途区分に適合する消防用設備等を設置しなければならない。

解　答

【問題36】…(4)　　【問題37】…(2)

解説

(1) 防火対象物の用途が変更された場合，原則はあくまで**変更前**の技術上の基準に適合していればよいのであって，**変更後**の用途に係る技術基準に従って設置する必要があるのは，特定防火対象物などの例外のみなので，誤りです。

(2) 用途変更後に，主要構造部である壁について過半の修繕を施した場合は，**変更後**の用途に係る技術基準に適合している必要があるので，誤りです。

(3) 設置義務がなくなったからといって，機能を停止させる必要はなく，「任意に設置した消防用設備等」として，そのまま設置すればよいので，誤りです。

(4) 正しい。

＜消防用設備等を設置した際の届出，検査　⇒P.40＞

問題 39

消防用設備等を設置したときの届出及び検査について，次のうち消防法令上誤っているものはどれか。

(1) 特定防火対象物に消防用設備等を設置した場合は，消防用設備等の種類にかかわらず，すべて届け出て検査を受けなければならない。
(2) 消防用設備等を設置したときに届け出て検査を受けるのは，当該防火対象物の関係者である。
(3) 消防用設備等を設置して検査を受ける場合の届出先は，消防長又は消防署長である。
(4) 消防用設備等の設置に伴う検査を拒み，妨げ，又は忌避した場合は，罰金又は拘留に処せられることがある。

解説

消防用設備等を設置した場合に届け出て検査を受けなければならない防火対象物は，次のようになっています。

解答
【問題38】…(4)

(a) 特定防火対象物	延べ面積が 300 m² 以上※のもの
(b) その他の防火対象物	延べ面積が 300 m² 以上で，かつ消防長または消防署長が指定したもの。
(c) 特定1階段等防火対象物	すべて

（※6項ロ（要介護の老人ホーム等）及び6項ロの用途部分を含む16項イ（特防含む複合用途防火対象物），16の2（地下街），16の3（準地下街）は延べ面積にかかわらず全てが対象です。）

ただし，**簡易消火用具**と**非常警報器具**は，設置しても届出を受ける必要はありません。

従って，(1)の「すべて届け出て検査を受けなければならない。」というのは誤りで，上の条件に当てはまらないものについては，届け出て検査を受ける義務はありません。

(2) 消防用設備等を設置したときに届け出て検査を受けるのは，当該**防火対象物の関係者**なので，正しい。

なお，定期点検の場合も防火対象物の関係者が報告を行います。

(3) 定期点検の場合もそうですが，届出先は**消防長又は消防署長**なので，正しい。

(4) 正しい。

問題 40

防火対象物に消防用設備等を技術上の基準に従って設置したときの届出及び検査について，次のうち消防法令上誤っているものはどれか。

(1) 特定防火対象物で延べ面積が 300 m² 以上のものは，原則として届け出て検査を受けなければならない。

(2) 特定防火対象物以外の防火対象物であっても面積が 300 m² 以上で消防長又は消防署長が指定したものは届け出て検査を受けなければならない。

(3) 消防用設備等の設置届出書には消防用設備等に関係図書と消防用設備等試験結果報告書を添えなければならない。

解　答

【問題39】…(1)

(4) 消防用設備等の設置工事が完了したときは，この工事を施工した消防設備士は工事が完了した日から4日以内に，その旨を消防長又は消防署長に届け出て検査を受けなければならない。

|解説|

(4) 消防用設備等を設置した際の届出は，**防火対象物の関係者**が行います。「工事が完了した日から4日以内」というのは，正しい。

<措置命令　⇒P.43>

問題41

防火対象物の消防用設備等が設置等技術基準に従って維持されていない場合，必要な措置を行うよう命令できる者と命令を受ける者の組み合わせとして，次のうち消防法令上正しいものはどれか。

	(A) 命令する者	(B) 命令を受ける者
(1)	消防長又は消防署長	防火対象物の関係者で権原を有する者
(2)	市町村長	工事を行った消防設備士
(3)	都道府県知事	防火対象物の関係者で権原を有する者
(4)	市町村長	防火管理者

|解説|

消防長または消防署長（⇒ A）は，消防用設備等または特殊消防用設備等が技術基準に従って設置され，または設置されていないと認めるときは，**当該防火対象物の関係者で権原を有する者**（⇒ B）に対し，設備等技術基準に従って設置すべきこと，またはその維持のため必要な措置をなすべきことを命じることができます。

なお，**設置**命令に違反した場合は「罰金又は懲役」，**維持**命令に違反した場合は，「罰金又は拘留」に処せられることがあります。

|解　答|

解答は次ページの下欄にあります。

＜定期点検　⇒P.41＞

問題 42

　消防設備士は，特定防火対象物で延べ面積 1000 m² 以上のものの消防用設備等の定期点検を行うことができるが，この点検できる消防用設備等の種類について，次のうち消防法令上正しいものはどれか。
　(1)　消防設備士は，すべての種類の消防用設備等の定期点検を行うことができる。
　(2)　甲種消防設備士は，すべての種類の消防用設備等の定期点検を行うことができる。
　(3)　消防設備士は，その免状の種類に応じて，消防庁長官が告示により定める種類の消防用設備等について，定期点検を行うことができる。
　(4)　消防設備士は，その免状の種類に応じて，工事または整備ができるとされている種類の消防用設備等に限って，定期点検を行うことができる。

解説

　消防設備士だからといっても，すべての類の消防用設備等を点検できるわけではなく，その免状の種類に応じて，消防庁長官が告示により定める種類の消防用設備等について，定期点検を行うことができるので，(3)が正解です。

問題 43

　消防用設備等を消防設備士又は消防設備点検資格者に定期点検させ，その結果を消防長又は消防署長に報告しなければならない防火対象物は，次のうちどれか。
　(1)　特定防火対象物で延べ面積が 300 m² 以上のもの
　(2)　特定防火対象物で延べ面積が 500 m² 以上のもの
　(3)　特定防火対象物以外の防火対象物で延べ面積が 300 m² 以上で，かつ，消防長又は消防署長が指定したもの
　(4)　特定防火対象物以外の防火対象物で延べ面積が 1000 m² 以上で，かつ，消防長又は消防署長が指定したもの

解　答

【問題 40】…(4)　【問題 41】…(1)

解説

消防用設備等を消防設備士又は消防設備点検資格者に定期点検させ，その結果を消防長又は消防署長に報告しなければならない防火対象物は，次のとおりです。

(a) 特定防火対象物	延べ面積が 1000 m² 以上のもの
(b) その他の防火対象物	延べ面積が 1000 m² 以上で，かつ，消防長または消防署長が指定したもの
(c) 特定1階段等防火対象物	すべて

（上記以外の防火対象物は**防火対象物の関係者**が点検を行います）

従って，(b)より，(4)が正解です。
なお，(1)の 300 m² というのは，消防用設備等を設置した際に届け出て検査を受けなければならない防火対象物の延べ面積です。

問題 44 【重要】

次の防火対象物のうち，消防用設備等を消防設備士又は消防設備点検資格者に定期点検させ，その結果を消防長又は消防署長に報告しなければならないものはどれか。

(1) すべての病院
(2) 延べ面積が 2300 m² の図書館
(3) すべてのホテル
(4) 店舗で，延べ面積が 1000 m² のもの

解説

前問の解説より，特定防火対象物の場合は 1000 m² 以上の場合に消防設備士や消防設備点検資格者に定期点検させなければならないので，(4)が正しく，(1)(3)の「すべて」の部分が誤りです。
また，(2)は，特定防火対象物以外の防火対象物なので，延べ面積が 1000 m² 以上で，かつ，**消防長又は消防署長の指定**が必要です。

解答

【問題 42】…(3)　【問題 43】…(4)

問題 45

消防用設備等の定期点検を消防設備士または消防設備点検資格者にさせなければならない防火対象物として，次のうち消防法令上正しいものはどれか。

なお，いずれの防火対象物も消防長又は消防署長の指定を受けたものではない。

(1) 倉庫で，延べ面積が $3,000\,m^2$ のもの
(2) 図書館で，延べ面積が $1,000\,m^2$ のもの
(3) ホテルで，延べ面積が $1,000\,m^2$ のもの
(4) 店舗で，延べ面積が $500\,m^2$ のもの

解説

消防用設備等の定期点検を消防設備士または消防設備点検資格者にさせなければならない防火対象物は，問題43の解説の表のとおりであり，**特定防火対象物で $1,000\,m^2$ 以上**の条件に適合する(3)が正解です。

なお，「消防長又は消防署長の指定を受けたものではない。」という条件があるので，(1)と(2)の非特定防火対象物は，該当しないことになります。

問題 46

消防用設備等又は特殊消防用設備等の定期点検を消防設備士又は消防設備点検資格者にさせなければならない防火対象物として，次のうち消防法令上正しいものはどれか。

ただし，消防長又は消防署長が指定するものを除くものとする。

(1) 百貨店で，延べ面積が $700\,m^2$ のもの
(2) 映画館で，延べ面積が $900\,m^2$ のもの
(3) 店舗で，延べ面積が $1,000\,m^2$ のもの
(4) 駐車場で，延べ面積が $2,200\,m^2$ のもの

解説

前問と同様に考えると，(1)～(3)は特定防火対象物ですが，(1)と(2)は $1,000\,m^2$ 未満なので，**防火対象物の関係者**が点検を行います。

しかし，(3)は $1,000\,m^2$ 以上，となるので，消防設備士又は消防設備点検

解 答

【問題 44】…(4)

資格者が点検を行う必要があります。
　また、(4)の駐車場は、非特定防火設備で1,000 m² 以上ですが、消防長等の指定もないので、**防火対象物の関係者**が点検を行います。

問題 47

消防用設備等又は特殊消防用設備等の定期点検の結果について、消防長又は消防署長への報告期間として、次のうち消防法令上正しいものはどれか。
(1)　倉庫……………………………6か月に1回
(2)　老人短期入所施設…………1年に1回
(3)　図書館…………………………1年に1回
(4)　ホテル…………………………6か月に1回

解説

　定期点検の結果については、「特定防火対象物が1年に1回」、「その他の防火対象物が3年に1回」となっています。
　従って、(1)の倉庫と(3)の図書館は、「その他の防火対象物」であり、3年に1回なので、誤りです。
　また、(2)の老人短期入所施設と(4)のホテルは「特定防火対象物」であり、1年に1回なので、(2)が正解で、(4)が誤りとなります。
　なお、点検の報告期間については解説の通りですが、点検の時期については、「**機器点検が6か月に1回**」、「**総合点検が1年に1回**」なので、注意してください。

＜検定　⇒P.44＞

問題 48

消防の用に供する機械器具等の検定について、次のうち消防法令上誤っているものはどれか。
(1)　型式承認とは、検定対象機械器具等の型式に係る形状等が総務省令で定める検定対象機械器具等に係る技術上の規格に適合している旨の承認をいう。

解　答

【問題45】…(3)　　【問題46】…(3)

(2) 型式適合検定とは，個々の検定対象器具等の形状等が型式承認を受けた検定対象機械器具等の型式に係る形状等と同一であるかどうかについて行う検定をいう。
(3) 総務大臣は，型式承認を受けた検定対象機械器具等が，規格の改正等によりその効力を失わせたときは，その旨を公示するとともに，当該型式承認を受けた者に通知しなければならない。
(4) 規格の改正等により型式承認の効力が失われた検定対象機械器具等でも，防火対象物にすでに設置されているものにあっては，型式適合検定合格の効力は失わない。

|解説|

(4) 規格の改正等により型式承認の効力が失われた検定対象機械器具等については，(3)のように公示や通知がされ，その結果，防火対象物にすでに設置されているものについては，<u>型式適合検定合格の効力が失われます</u>（法第21条の5より）。

問題 49

検定対象機械器具等の検定について，次のうち消防法令上誤っているものはいくつあるか。

A 日本消防検定協会又は法人であって総務大臣の登録を受けたものは，型式適合検定に合格した検定対象器具等にその旨の表示をしなければならない。
B 型式適合検定を受けようとする者は，まず総務大臣に申請しなければならない。
C 型式承認を受けた旨の表示があれば，型式適合検定に合格した旨の表示がなくても販売の目的で陳列し，また，工事又は整備に使用できる。
D 検定対象機械器具等の形式に係る材質，成分及び性能は，日本工業規格で定められている。
E みだりに型式適合検定合格の表示をしたり，紛らわしい表示を付した場合には罰則の適用がある。

(1) 1つ　(2) 2つ　(3) 3つ　(4) 4つ　(5) 5つ

|解　答|

【問題47】…(2)

解説

A ○
　なお，「法人であって総務大臣の登録を受けたもの」とは，登録検定機関のことです。

B ×
　型式承認は総務大臣に申請しますが，型式適合検定の場合は，**日本消防検定協会**（または**登録検定機関**）に申請する必要があります。

C ×
　型式承認と型式適合検定との関係については，それぞれ単独で効力が発生するのではなく，型式承認を受け，型式適合検定に合格した旨の表示がなければ販売，または販売の目的で陳列したり，あるいは，工事または整備に使用することはできません。

D ×
　材質，成分及び性能については，**総務省令で定める検定対象機械器具等に係る技術上の規格**で定められています。

E ○
　従って，誤っているのは，B，C，Dの3つとなります。

<消防設備士の業務独占　⇒P.47>

問題50

消防設備士でなければ工事又は整備を行うことができないと定められている消防用設備等の組み合わせとして，次のうち消防法令上正しいものはどれか。
(1) 泡消火設備，不活性ガス消火設備，粉末消火設備
(2) 消火器，救助袋，すべり台
(3) 自動火災報知設備，漏電火災警報器，放送設備
(4) 屋内消火栓設備，スプリンクラー設備，動力消防ポンプ設備

解説

消防設備士の業務の対象となるものについては，次のようになっています。

解　答

【問題48】…(4)　【問題49】…(3)

区分	工事整備対象設備等の種類(色の付いた部分は甲種,乙種とも)
特類	特殊消防用設備等
第1類	屋内消火栓設備,屋外消火栓設備,水噴霧消火設備,スプリンクラー設備,㊚
第2類	泡消火設備,㊚
第3類	ハロゲン消火設備,粉末消火設備,不活性ガス消火設備,㊚
第4類	自動火災報知設備,消防機関へ通報する火災報知設備 ガス漏れ火災警報設備
第5類	金属製避難はしご（固定式に限る）,救助袋,緩降機
第6類	消火器（単に設置する場合は工事に含まれない）
第7類	漏電火災警報器

（注：㊚はパッケージ型（自動）消火設備を表しています）

　甲種消防設備士は特類及び第1類から第5類の工事と整備を，乙種消防設備士は第1類から第7類の整備のみを行うことができます。
　たとえば，甲種第2類の消防設備士は，泡消火設備の工事と整備を，乙種第7類消防設備士は，漏電火災警報器の整備のみを行うことができます。
　ただし，**軽微な整備**（屋内消火栓設備の表示灯の交換など総務省令で定めるもの）や，**電源や水源及び配管部分の工事や整備**は消防設備士でなくても行うことができます。

　この表を見ながら⑴から順に確認すると，
⑴　泡消火設備は**第2類**，不活性ガス消火設備と粉末消火設備は**第3類**にその名称があるので，すべて「消防設備士でなければ工事又は整備を行うことができない消防用設備等」となり，よって，これが正解です。
⑵　消火器は**第6類**，救助袋は**第5類**にありますが，すべり台（避難設備）はないので，誤りです。
⑶　自動火災報知設備は**第4類**，漏電火災警報器は**第7類**ですが，放送設備は業務独占の対象とはならないので，誤りです。

━━━　解　答　━━━
【問題50】…⑴

(4) 屋内消火栓設備とスプリンクラー設備は第1類ですが、動力消防ポンプ設備は業務独占の対象とはならないので、誤りです（⇒P 33 の表）。

なお、(2)、(3)、(4)の下線を引いた消防用設備等は、表にない消防用設備等ということで、消防設備士でなくても工事または整備を行うことができます。

問題 51

消防設備士が行う工事又は整備について、次のうち消防法令上正しいものはどれか。
(1) 乙種第3類の消防設備士は、二酸化炭素消火設備の設置工事を行うことができる。
(2) 乙種第5類の消防設備士は、緩降機の整備を行うことができる。
(3) 甲種第1類の消防設備士は、泡消火設備の整備を行うことができる。
(4) 甲種第4類の消防設備士は、漏電火災警報器の整備を行うことができる。

解説

まず、乙種消防設備士は、消防設備士免状に指定された種類の消防用設備等の整備のみを行うことができ、甲種消防設備士は、消防設備士免状に指定された種類の消防設備等の整備と工事を行うことができます。

具体的には、甲種消防設備士は、「特類と第1類から第5類の工事と整備」、乙種消防設備士は、「第1類から第7類の整備のみ」を行うことができます（⇒前ページの表を参照）。

従って、
(1) 乙種第3類の消防設備士は、二酸化炭素消火設備の整備は行うことができますが、設置工事を行うことはできないので、誤りです。
(2) 乙種第5類の消防設備士は、緩降機の整備を行うことができるので、正しい。
(3) 泡消火設備の整備は、第2類の消防設備士でないと行うことができないので、誤りです。
(4) 漏電火災警報器の整備を行うことができるのは、第7類の消防設備なので、誤りです。

解答

解答は次ページの下欄にあります。

問題演習（消防関係法令）

問題 52

消防設備士が行うことができる**工事又は整備**について，次のうち消防法令上誤っているものはどれか。

(1) 甲種特類消防設備士免状の交付を受けている者は，消防用設備等のすべて及び特殊消防用設備等について，整備を行うことができる。
(2) 甲種第4類消防設備士免状の交付を受けている者は，危険物製造所に設置する自動的に作動する火災報知設備の工事を行うことができる。
(3) 乙種第1類消防設備士免状の交付を受けている者は，屋外消火栓設備の開閉弁の整備を行うことができる。
(4) 乙種第5類消防設備士免状の交付を受けている者は，緩降機本体及びその取り付け具の整備を行うことができる。

解説

(1) 甲種特類消防設備士が行えるのは，特殊消防用設備等の工事と整備であって，消防用設備等のすべてについて整備を行うことはできません。
(2)〜(4) P 86 の表参照。

問題 53

次の設置義務のある消防用設備等のうち，消防設備士でなければ行ってはならない**工事**はどれか。

(1) 図書館に設置する誘導灯
(2) 店舗に設置する消火器の設置工事
(3) 工場に設置する屋内消火栓設備
(4) 病院に設置する非常コンセント設備

解説

(1)から(4)のうち，P 33 の表 1-2 において●印の付いていない設備等（消防設備士でなければ工事や整備を行うことができない設備等）は(2)と(3)だけですが，(2)の消火器の場合，設置工事は消防設備士でなくても行うことができるので，(3)の屋内消火栓設備が，消防設備士でなければ行ってはならない工事，ということになります。

解 答

【問題 51】…(2)

問題 54

次のうち，消防設備士でなくても行える整備はいくつあるか。
A　屋内消火栓設備の表示灯の交換
B　屋内または屋外消火栓設備のホースまたはノズルの交換，およびヒューズやねじ類など部品の交換
C　設置義務のある自動火災報知設備の電源のヒューズの交換
D　設置義務のある屋内消火栓設備の水源の補修
(1)　1つ　　(2)　2つ　　(3)　3つ　　(4)　4つ

解説

【問題50】の解説より，A,Bは軽微な整備であり，また，C,Dも電源や水源は除外なので，消防設備士でなくても整備は行えます。
よって，(4)の4つが正解です。

<消防設備士免状　⇒P.49>

問題 55

消防設備士免状に関して，次のうち消防法令上誤っているものはどれか。
(1)　免状の記載事項に変更が生じた場合は，免状を交付した都道府県知事，又は居住地若しくは勤務地を管轄する都道府県知事に書換えを申請する。
(2)　消防設備士免状の交付を受けた都道府県以外で業務に従事するときは，業務地を管轄する都道府県知事に免状の書替えを申請しなければならない。
(3)　消防設備士免状の返納命令に違反した者は，罰金又は拘留に処せられることがある。
(4)　消防設備士免状の返納を命ずることができるのは，当該免状を交付した都道府県知事である。

解答

【問題52】…(1)　　【問題53】…(3)

解説

(2) 消防設備士免状は全国どこでも有効であり，交付を受けた都道府県以外でもそのまま業務に従事することができるので，誤りです。

問題 56

消防設備士免状に関して，次のうち正しいものはいくつあるか。
A 免状の再交付を申請する場合は，居住地または勤務地を管轄する都道府県知事に申請する。
B 消防設備士免状を亡失した者は，亡失した日から10日以内に免状の再交付を申請しなければ，自動的にその免状は失効する。
C 消防設備士は，その業務に従事するとき，消防設備士免状を携帯していなければならない。ただし，整備のみを行う場合は，この限りでない。
D 消防設備士試験に合格した者は，居住地または勤務地を管轄する都道府県知事に対し，免状交付申請を行う。
E 消防設備士免状の返納を命ぜられた日から1年を経過しない者にあっては，新たに試験に合格しても免状を交付されないことがある。
(1) 1つ　(2) 2つ　(3) 3つ　(4) 4つ

解説

A ×
　免状の再交付は，「居住地または勤務地」ではなく，**免状を交付または書換えをした都道府県知事**に申請しなければならないので，誤りです。
B ×
　再交付は「〜しなければならない。」というような**義務**ではないので，誤りです。ただし，再交付を受けたあと，亡失した免状を発見した場合は，その日から**10日以内**に再交付を受けた都道府県知事に提出しなければならない，という規定はあります。
C ×
　消防設備士は，整備のみを行う場合であっても免状を携帯していなけ

解　答

【問題54】…(4)　【問題55】…(2)

ればならないので，誤りです。
D ×
消防設備士試験に合格した者に対して免状の交付を行う者は，当該試験を実施した都道府県知事なので，誤りです。
E ○
従って，正しいのはEの1つのみとなります。

問題 57
消防法令上，免状の記載事項として次のうち定められていないものはどれか。
(1) 免状の交付年月日及び交付番号
(2) 現住所
(3) 過去10年以内に撮影した写真
(4) 氏名及び生年月日

解説

現住所ではなく，本籍の属する**都道府県**です。

＜消防設備士の責務　⇒P.50＞

問題 58
消防設備士の義務について，次のうち消防法令上誤っているものはどれか。
(1) 消防設備士は，都道府県知事（総務大臣が指定する市町村長その他の機関を含む。）が行う工事整備対象設備等の工事又は整備に関する講習を受けなければならない。
(2) 消防設備士は，その職務を誠実に行い，工事整備対象設備等の質の向上に努めなければならない。
(3) 指定講習機関が行う工事整備対象設備等の工事又は整備に関する講習を受けようとする者は，政令で定める額の手数料を当該指定講習機関に納めなければならない。
(4) 甲種消防設備士は，政令で定める工事をしようとするときは，10日前までに，市町村長等に届出をしなければならない。

解 答

【問題 56】…(1)

解説

(4) 市町村長等ではなく，**消防長又は消防署長**に対して届出を行います。

<工事着工届け ⇒P.50>

問題 59

消防用設備等の工事着工届けについて，次のうち正しいのはどれか。
(1) 届け出を行う者は甲種消防設備士，または乙種消防設備士である。
(2) 消防用設備等の工事に着手しようとする場合，消防用設備等の種類，工事場所，その他必要な事項を届け出なければならない。
(3) 着工届けに設計図書を添付する必要はない。
(4) 着工届けは，工事を着工しようとする日の4日前までに届け出る必要がある。

解説

(1) 甲種消防設備士のみです。
(2) 正しい。
(3) 添付する必要があります。
(4) **10日前**までに届け出る必要があります（⇒消防用設備等を設置した場合の届け出期間～工事完了後4日以内に届け出る～と間違わないように！）

なお，着工届を怠った場合は，罰金又は拘留に処せられる場合があります。

<保安に関する講習 ⇒P.51>

問題 60

工事整備対象設備等の工事又は整備に関する講習について，次のうち消防法令上誤っているものはどれか。

解 答

【問題57】…(2)　【問題58】…(4)

(1) 消防設備士免状の交付を受けている者すべてが受けなければならない講習である。
(2) 定められた期間内に受講しなかった者は，消防設備士免状の返納を命ぜられることがある。
(3) 消防設備士免状の交付を受けた日以後における最初の4月1日から3年以内に受講しなければならない。
(4) 講習を実施するのは，都道府県知事である。

解説

講習は，消防設備士免状の交付を受けた日以後における最初の4月1日から**2年以内**に受講する必要があります。
なお，その後は講習を受けた日以後における最初の4月1日から**5年以内**に受講する必要があります。

問題 61

都道府県知事（総務大臣が指定する市町村長その他の機関を含む。）が行う工事整備対象設備等の工事又は整備に関する講習について，次のうち消防法令上誤っているものはどれか。
(1) 講習は，消防法第17条の10の規定に基づいて行われる。
(2) 免状の交付を受けた日から業務に従事している場合は，5年目ごとに講習を受けなければならない。
(3) 消防設備士免状の種類及び指定区分に応じて行われる。
(4) 消防設備士免状の交付を受けた日以後における最初の4月1日から2年以内，その後は講習を受けた日以後における最初の4月1日から5年以内ごとに受講しなければならない。

解説

(2) 講習は，業務に従事，不従事にかかわらず，免状の交付を受けた日以後における最初の4月1日から**2年以内**に受講する必要があります。

解　答

【問題59】…(2)

問題 62

工事整備対象設備等の工事又は整備に関する講習について，次のうち消防法令上正しいものはどれか。
(1) 工事整備対象設備等の工事又は整備に従事していない消防設備士でも受講義務がある。
(2) 消防設備士免状の種類に応じて第1種から第5種までに区分して行われる。
(3) 講習は，消防長又は消防署長が1年に1回以上実施するものである。
(4) 規定された期間内に受講しなければ，消防設備士免状は自動的に失効する。

解説

(1) 正しい。
(2) 第1種から第5種は消火設備の区分であり，消防設備士の場合は，甲種が**特類**および**第1類**から**第5類**まで，乙種が**第1類**から**第7類**まで区分して行われます。
(3) 消防長又は消防署長ではなく，**都道府県知事**です。
(4) 免状の返納命令の対象とはなりますが，自動的に失効することはありません。

解答

【問題60】…(3)　【問題61】…(2)　【問題62】…(1)

コーヒーブレイク

スケジュールについて

　どんな試験でもそうですが，スケジュールを立てた方が立てないよりは効率のよい受験勉強ができるものです。私たちが今勉強しているこの1類消防設備士でもその法則は当てはまります。
　そのスケジュールですが，このテキストのように学習する部分と問題の部分がサンドイッチ式に交互になっている場合，全体を何か月で終了できそうであるかをまず考えます。
　ここでは仮に2か月とすると，普通，テキストは繰り返し学習，または解くことによって自分の身に付きますから，2回目に取り掛かることを前提に話を進めますと，2回目は内容を大分把握していますので，1回目に比べて少し短めの期間で終了できるのが通常です。ここではそれを1か月半だと予測すると，その次の3回目はもっと短くなって，約1か月と予測できます。
　つまり，最初のスタート地点から3回目を終了するまで4か月半かかるということになります。
　従って，試験が8月の中旬にあるなら遅くとも4月に入った時点ではすでに学習をスタートしている必要があります（もっと繰り返す必要性を感じている方なら，もっと前にスタートしている必要があります）。
　もちろん，学習部分は1回読めば終わり，という方なら後は問題のみですから，2回目以降の期間はもっと短くすることができます。
　これらを大体想定して，スケジュールを立てておくと「時間が足りずに……」などという後悔をせずにすむわけです。

第2編 機械に関する基礎知識

学習のポイント

1. 水理 (P 98)

第1類消防設備士は水を扱うので，やはり，**摩擦損失**に関する出題が非常に目立ちます。従って，配管の**内径**や**長さ**などと**損失**の関係や，**管路の入口の形状**と**損失**の関係などを確実に把握しておく必要があります。

2. 機械材料 (P 119)

材料については，焼き戻しなどの**熱処理関係**がよく出題されているので，焼きなましや焼き入れとの違いなどを確実に理解しておく必要があります。

また，**クリープ現象**についても，同じくらいよく出題されているので，注意が必要です。

一方，**荷重計算**についても頻繁に出題されているので，**荷重が加わった際の反力やひずみを求める式**などを確実に把握しておきます。

その他，**軸受**についても意外と，よく出題されているので要注意です。

1 水　理 (1, 2, 3類のみ)

(1) 絶対圧力とゲージ圧力

　物体に圧力がかかっている場合，大気圧も含めた圧力を**絶対圧力**といい，大気圧を含めない圧力を**ゲージ圧力**といいます。

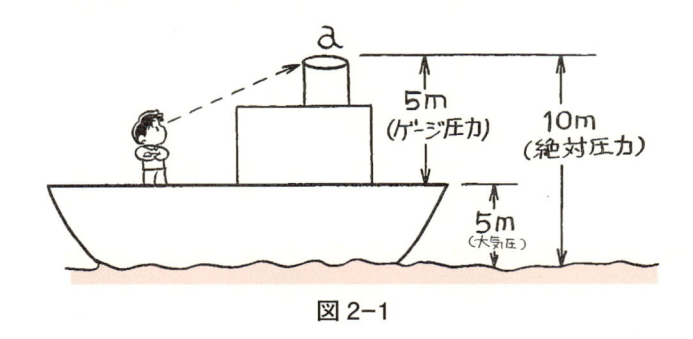

図 2-1

　たとえば，図のa点は船に乗っている人から見れば5mですが，海面からの本当の高さは10mとなります。
　つまり，5mがゲージ圧力で，10mが絶対圧力，ということになります。

> **絶対圧力＝大気圧力（約 0.1 MPa）＋ゲージ圧力**

　なお，圧力計の表示は，一般的にゲージ圧力を表示しており，単位はPa（パスカル：実際にはその10^6倍のメガパスカルMPaが用いられている）を用い，$1m^2$に1Nの力が作用する時の圧力，すなわち〔N/m^2〕が 1〔Pa〕となります。

> **1〔N/m^2〕＝1〔Pa〕**

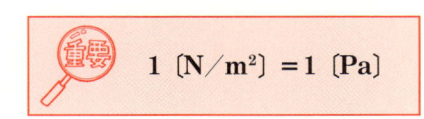

(2) 流体について

　流体というのは，液体と気体の総称で，そのうち，消防設備士試験では，主に液体（水）の方を扱います。

1. 密度と比重

　単位体積あたりの物質の質量を密度といい，次の式で表されます。

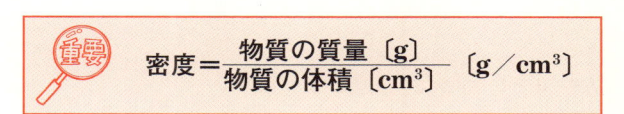

$$密度 = \frac{物質の質量〔g〕}{物質の体積〔cm^3〕} 〔g/cm^3〕$$

　一方，液体の比重は，「その物質の質量」と「1気圧で4℃の同体積の水」との比で表します。

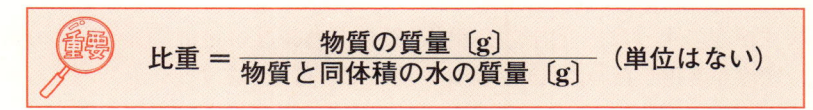

$$比重 = \frac{物質の質量〔g〕}{物質と同体積の水の質量〔g〕} （単位はない）$$

　上式からもわかると思いますが，実用上，密度の単位を取り去ったものを比重と考えて差しつかえなく，水の場合，1気圧において，密度，比重とも約4℃で最大の1となります。

2. 連続の定理

　屋内消火栓設備などの配管内を流体である水が流れる場合，その配管内を流れる水の速度（**流速**）と配管の**断面積**の積は**流量**になります。

　たとえば，断面積が $1\,\text{m}^2$ の配管内を $3\,\text{m}/s$ の水が流れていると，流量は $1\,\text{m}^2 \times 3\,\text{m}/s = 3\,\text{m}^3/s$ となるという具合です。

　その流量ですが，その配管内であれば，当然，どこでも同じになります。

　つまり，**水の流速と断面積の積は一定**であるということです。

　従って，流量を Q，断面積を A，流速を v とすると，

$$\boxed{Q = A \times v = 一定}$$ となります。

3. ベルヌーイの定理

　まず，図のように，管内を圧縮性と粘性を考えない<u>定常流</u>（＝流体の速度，密度が変化しない流れ）の流体が流れているとします。

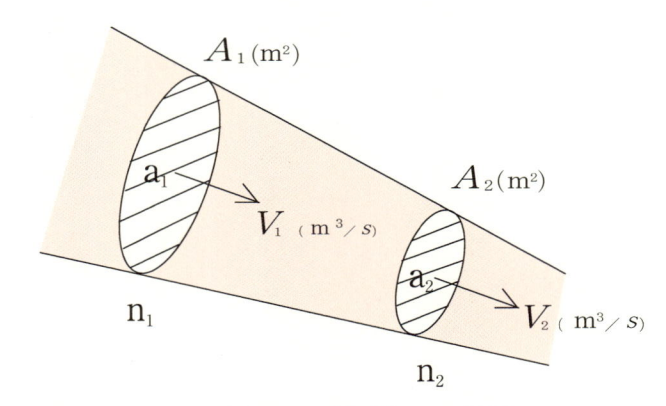

n：圧力　A：断面積　v：流速

図 2-2

水　理

　図の a_1 の高さを仮に 100 m，a_2 の高さを 50 m とすると，100 m から 50 m まで落下することによって a_2 の水は，その分の**位置エネルギー**を失いますが，その代わり，その落下によって得た水圧による**圧力エネルギー**と速度による**運動エネルギー**を得ます。

　このエネルギーの総和は，配管内のどこでも同じになります。これを**ベルヌーイの定理**といいます。

　この場合，水のエネルギーは**水頭**（水 1 kg についてのエネルギーを水の高さで表したもので**ヘッド**ともいう）という言葉で表すので（⇒P 103 参照），

> **速度水頭 ＋ 圧力水頭 ＋ 位置水頭 ＝ 一定**

と表すことができます。

こうして覚えよう！　＜ベルヌーイの定理＞

熱い	位置を	速く	言ってヨ！
圧力水頭	位置水頭	速度水頭	一定

> 高さ z の水が持つ全エネルギーは，次のようになります。
>
> ① 速度エネルギー $= \frac{1}{2}mv^2$ 〔J〕
>   （m：水の質量，v：流速）
>
> ② 圧力エネルギー $= \frac{mp}{\rho}$ 〔J〕
>   （ρ：水の密度）
>
> ③ 位置エネルギー $= mgz$ 〔J〕
>
> 従って，エネルギーの総和は，次の式で表すことができます。
>
> $$\frac{1}{2}mv^2 + \frac{mp}{\rho} + mgz \text{〔J〕} \cdots\cdots(1)$$
>
> ここで，流体に働く重力 mg 〔N〕を考えます。
> 「J = N・m」より，これらのエネルギー〔J〕をこの mg〔N〕で割れば，
>
> $$\frac{J}{N} = \frac{N \cdot m}{N} = m \cdots\cdots(2)$$
>
> となり，それぞれのエネルギーを水の高さ〔m〕に置き換えることができます。

水 理

このエネルギーを水の高さ〔m〕に置き換えた値を**水頭**といいます。従って，①〜③を mg で割って水頭で表すと，次のようになります。

① 速度水頭 $= \dfrac{v^2}{2g}$ 〔m〕

② 圧力水頭 $= \dfrac{p}{\rho g}$ 〔m〕

（ρ：流体の密度）

③ 位置水頭 $= z$ 〔m〕

∴ $\dfrac{v^2}{2g} + \dfrac{p}{\rho g} + z = $ 一定 〔m〕

4. トリチェリの定理

図のように，水面から放水口の中心までの高さがHの水槽の下部に設けた放水口から水を放出させた場合，水の速度 v は次式から求められます。

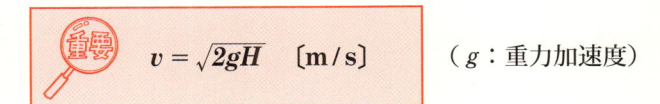

$$v = \sqrt{2gH} \quad \text{〔m/s〕}$$

（g：重力加速度）

この式は，ベルヌーイの定理における速度，圧力，位置水頭の和が，水面上の1点と放水口では等しいということから求められる式です。

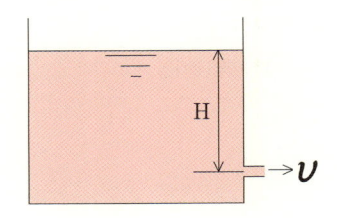

5. 摩擦損失

① 管摩擦損失

下図のような配管内を流れる水のa地点とb地点の圧力水頭を計測した場合，b地点の方が低くなります。

これは，水と管内壁面との接触によって生じる摩擦や乱流（流れが乱れること）などによるもので，このような損失を**管摩擦損失**といいます。

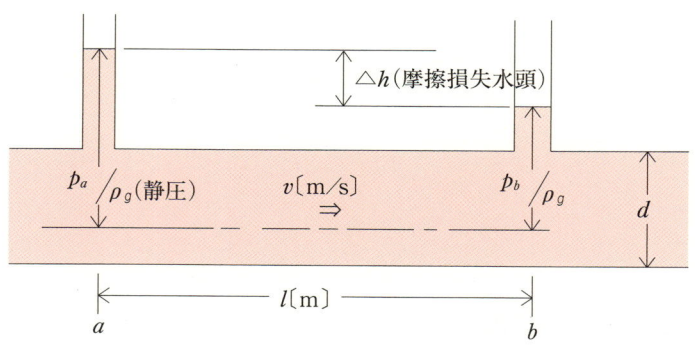

図2-3

この摩擦損失は，「管の長さ」と「平均流速の2乗」に比例し，「管の内径」に反比例します。

式で表すと，

$$\triangle h = \frac{p_a}{\rho_g} - \frac{p_b}{\rho_g} = \lambda \frac{l}{d} \cdot \frac{v^2}{2g}$$

p_a：a点の圧力　　p_b：b点の圧力　　$\triangle h$：摩擦損失水頭〔m〕
λ：摩擦損失係数　l：管の長さ〔m〕　v：流体の流速〔m/s〕
d：管の内径〔m〕　g：重力加速度〔m/s²〕

水 理

こうして覚えよう！ ＜管摩擦損失の式＞

館長が　　　ぶつ　けたのは　⇒　分子
管の長さ(l)　v^2　係数(λ)

2時　です　　　　　　　　　　⇒　分母
$2g$　d

---

② 管路形状損失

たとえば，のちほど出てきますが，エルボなどのように配管が急に曲がったり，あるいは，内径が急に小さくなると，流れに渦が生じて損失が発生します。

このような損失を**管路形状損失**といいます。

③ その他の損失

たとえば，タンクなどから配管へ流体を導く場合にも損失は生じますが，その入口の形状によっても損失水頭の大きさが変わってきます。

下図の場合，左から右へ行くに従って（流出しにくくなるので），管の入口における損失水頭が大きくなります。

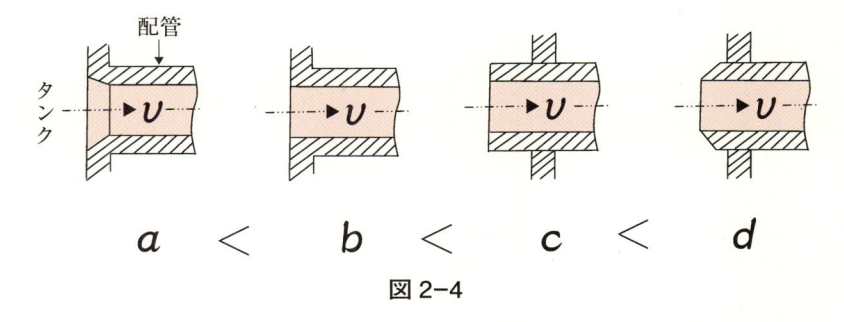

$a < b < c < d$

図 2-4

その他，仕切弁などの弁類などを流れる際にも，渦による損失が生じます。

6. ウォーターハンマ

配管内の流水を急に停止させたり，あるいは，急に加速させると，大きな衝撃音とともに配管内に圧力変動が生じることがあります。このような現象を**ウォーターハンマ（水撃作用）**といいます。

(3) パスカルの原理（圧力と液体）

密閉された容器内で，液体の一部に圧力を加えると，同じ強さの圧力で液体の各部に伝わります。これを**パスカルの原理**といいます。

たとえば，下図のようにU字形の管を考えた場合，太い管の断面積をA_1，細い管の断面積をA_2とし，それぞれの液面を押す力をP_1, P_2とすると，

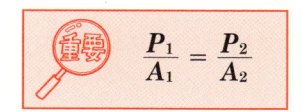

$$\frac{P_1}{A_1} = \frac{P_2}{A_2}$$

という式が成り立ちます。

つまり，単位面積あたりに加わる圧力は，断面積が大きくても小さくても同じだ，ということです。

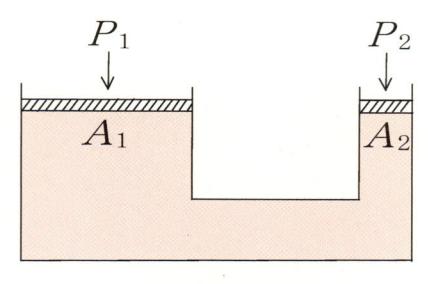

図2-5

(4) ボイル・シャルルの法則（圧力と気体）

気体には，ボイルの法則とシャルルの法則があり，これらをまとめたのが，ボイル・シャルルの法則となります。

1. ボイルの法則

温度が一定なら，体積は圧力に**反比例**します。
これを式で表すと，

$PV = $ 一定　となります。（P：圧力　V：体積）

> $PV = $ 一定が，なぜ P（圧力）と V（体積）の反比例になるかというと，P を2倍にすれば逆に V を $\frac{1}{2}$ にしなければ $P \times V$ が一定となりません。従って，P と V は反比例している，ということになります。

2. シャルルの法則

圧力（P）が一定なら，体積（V）は絶対温度（T）に**比例**します。
これを式で表すと，

$\dfrac{V}{T} = $ 一定　となります。（V：体積　T：絶対温度）

> 絶対温度 T は，通常使用されている摂氏温度 t ℃に273度を足した温度で，$T = t + 273$ となります（単位は〔K：ケルビン〕）。

3. ボイル・シャルルの法則

ボイルの法則とシャルルの法則を総合すると，

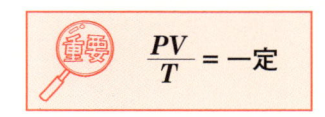

$$\frac{PV}{T} = 一定$$

という式になります。

すなわち，
一定量の気体の体積（V）は圧力（P）に反比例し，絶対温度（T）に比例します。

2 力について

(1) 力の3要素

　一般に力を表す場合，図のように矢印を用いますが，その場合，ただ単に矢印を書くのでなく，
　「① 力の大きさ」と「② 力の方向」及び「③ 力の作用点（力が働く点）」を表して書きます。

図 2-6

　この ① 力の大きさ，② 力の方向，③ 力の作用点を**力の3要素**といいます。

　たとえば，エンストした車を手で押している場合，矢印の向きが車を押している**方向**で，矢印の大きさが車を押している**力の大きさ**，そしてa点が車を手で押している部分，すなわち，**力が働いている点**となります。

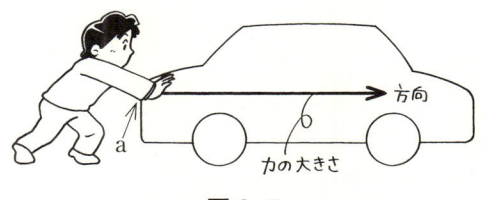

図 2-7

(2) 力の合成と分解

1. 力の合成

　たとえば，図（a）のように石を2人のひとが，F_1とF_2の力でそれぞれ別方向に引っぱった場合，その石には1人のひとが図（e）の方向にF_3の力で引っ張ったのと同じ力が働きます。

　このように，同じ物体に2つ以上の力が働いた場合，それらを合成して1つの力にすることを**力の合成**といい，合成した力を**合力**（ごうりょく）といいます。

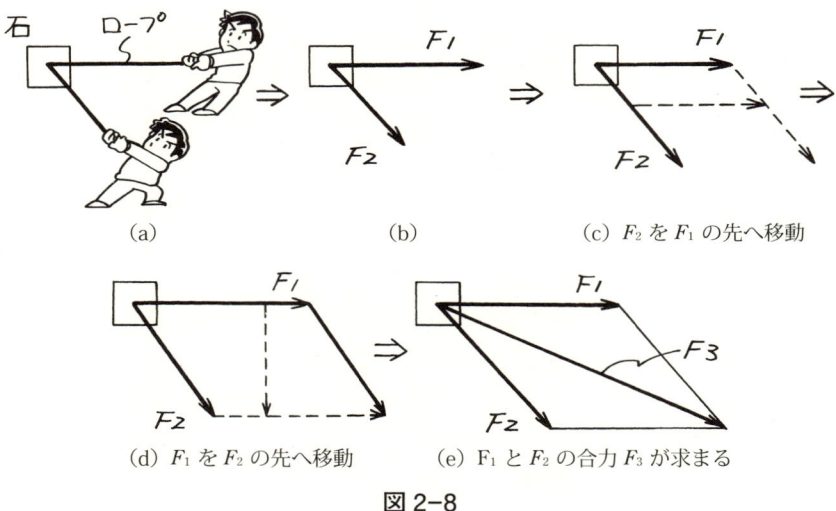

(a)　　　　　　　(b)　　　　　　　(c) F_2をF_1の先へ移動

(d) F_1をF_2の先へ移動　　　(e) F_1とF_2の合力F_3が求まる

図2-8

2. 合成の方法

1. F_2をその角度のままF_1の先まで移動する。　………………図（c）
2. F_1をその角度のままF_2の先まで移動する。　………………図（d）
3. 出来上がった平行四辺形の対角線が合力F_3となります。　……図（e）

3. 力の分解

合成とは逆に，F_3 を F_1 と F_2 に分解することを力の分解といいます。

分解の方法は，力の合成とは逆に F_3 を対角線とする平行四辺形を作成して，F_1 と F_2 を求めればよいだけです。

(3) 力のモーメント

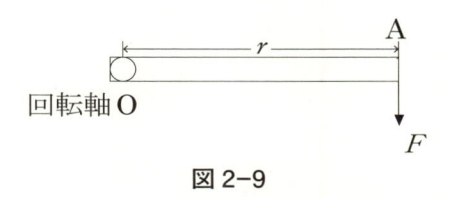

図のように，回転軸 O から r [m] にある点 A に，力 F [N] を直角（図では下向き）に加えると，物体は回転を始めます。

図 2-9

この物体を回転させる力の働きを**力のモーメント**（M で表し，別名トルク）といい，次式で表します。

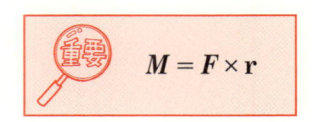

$$M = F \times r$$

単位は，力が N（ニュートン）であり，また回転軸 O からの距離を m（メートル）とすると，力のモーメントの単位は **N・m** で表されます。

(4) 力のつりあい

1. 力のつりあい

　図のように，物体の1点（図ではO点）に大きさが等しく，方向が反対の2力が作用すると合力は0となり，物体は動きません。

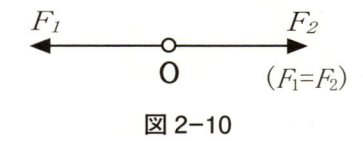

$$F_1 \longleftarrow \underset{O}{\circ} \longrightarrow F_2 \quad (F_1 = F_2)$$

図 2-10

　このような状態を「2つの力はつりあいの状態にある」といいます。

2. 同じ向きに平行力がある場合

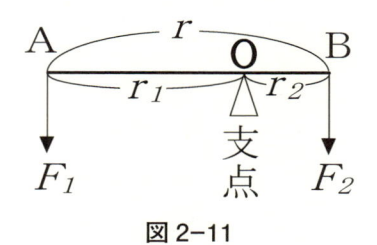

図 2-11

　図のように，O点を支点として同じ向きに2つの力，F_1，F_2 が平行してつり合っている場合，次の関係が成りたちます。

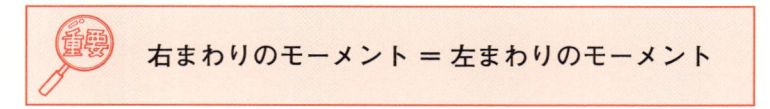

> **右まわりのモーメント ＝ 左まわりのモーメント**

（注：「右まわり」，「左まわり」というのはO点を軸としての回転です）

図に示した記号を用いて具体的に表すと，次のようになります。
　右まわりのモーメント＝ $F_2 \times r_2$
　左まわりのモーメント＝ $F_1 \times r_1$
よって，

　　$F_2 \times r_2 = F_1 \times r_1$　　となります。

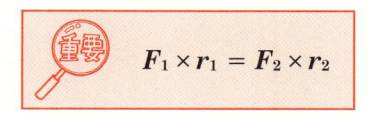

$$\boxed{F_1 \times r_1 = F_2 \times r_2}$$

これより，つり合いがとれている場合の r_1 または r_2 を求めることができます。

3 運動と仕事

(1) 速度

物体が運動しているとき，その運動した距離をそれに要した時間で割ったものを**速度**といいます。

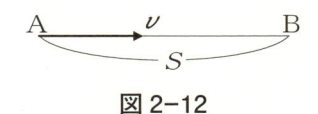

図 2-12

たとえば，図の A 点から B 点まで運動するのに t 秒かかったとすると，AB 間の距離は S 〔m〕だから，その速度 v は次式で求めることができます。

$$v = \frac{S}{t} \text{ 〔m/s〕}$$

(2) 加速度

たとえば，時速 30 km で走行していた車を 60 km にスピードアップする場合，一般に「加速する」といいますが，要するに，速度を変化させるときに「加速する」ということであり，加速度は，この**速度が変化するときの割合**のことをいいます。

式で表すと，最初の速度を v_1，t 秒後の速度を v_2，加速度を α とした場合，次のようになります。

$$\alpha = \frac{v_2 - v_1}{t} \text{ 〔m/s}^2\text{〕}$$

これを v_2 についての式に変形すると，

$$v_2 = v_1 + \alpha t$$

となります。

すなわち，t 秒後の速度 v_2 は初速 v_1 に at を加えたものとなります。

また，その間に移動した距離 S は，v_2 と v_1 の平均速度に時間 t をかけたものだから

$$S = \frac{v_1 + v_2}{2} t$$

これを加速度 a を使って表すと，次式になります。

$$S = v_1 t + \frac{1}{2} a t^2$$

(3) 仕　事

ある物体に力 F が働いて距離 S を移動した場合，「力 F が物体に対して仕事をした」といいます。その場合，仕事量を W で表すと

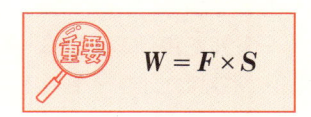

$$W = F \times S$$

となります。

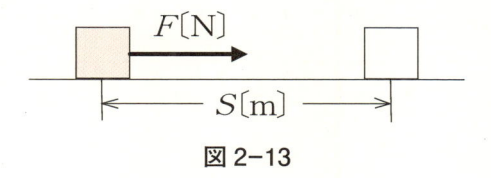

図2-13

単位は，1N〔ニュートン〕の力で1m動かした時の仕事量を1J〔ジュール〕とします。

すなわち，1J = 1N × 1m となります。

〔単位について〕
　上の式より，ニュートンとメートルを掛けるとジュールになる。
　すなわち，**J = N・m** はぜひ覚えておこう

従って，$W = F \times S$ 〔J〕，または $W = F \times S$ 〔N・m〕となります。

(4) 動力（仕事率）

物体に対して，単位時間になされた仕事の量を**動力（仕事率）**といい，記号 P で表します。

単位時間になされた，というと少々わかりにくいかもしれませんが，要するに，仕事量 W を（それに要した）時間 t〔秒〕で割れば動力になる，というわけです。

$$P = \frac{W}{t} \text{ 〔J/s〕 または 〔W：ワット〕}$$

〔単位について〕

このあたりの単位はわかりにくいので，次のようにして覚えよう。

(3)より，ニュートンとメートルを掛けるとジュールになる（N・m = J）。そのジュール〔J〕を時間〔s〕で割ればワット〔W〕になる。

すなわち，

$$N \cdot m = J \quad J/s = W$$

となるわけです。

(5) 滑車

重量物を，図のようにロープなどを用いて持ち上げる装置を滑車といい，そのうち固定されている滑車を**定滑車**，動く滑車を**動滑車**といいます。

定滑車は，力の方向を変えることはできますが，荷重 W そのままの力でロープを引っ張る必要があります。

一方，動滑車は，ロープを引っ張ると連動して動き，ロープ1本には $\frac{1}{2}$ の荷重しかかからないので，$\frac{1}{2}$ W の力でロープを引き上げることができます。

従って，動滑車が2個あれば，$\frac{1}{2}$ のそのまた $\frac{1}{2}$ の荷重になるので，$\frac{1}{2} \times \frac{1}{2} = \frac{1}{4}$ の荷重で引っ張ることができます。

よって，動滑車のロープにかかる張力 F は，次式で表されます。

運動と仕事

$$F = \frac{W}{2^n}$$

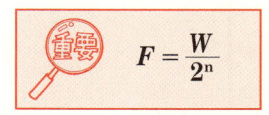

　たとえば，図のように，定滑車が1個，動滑車が3つの場合，F_4 のロープにかかる張力は，定滑車なので F_3 と同じです。その F_3 は，動滑車が3つあるので，

$F = \dfrac{W}{2^n} = \dfrac{W}{2^3} = \dfrac{W}{8}$ となります。

従って，もともとの荷重の $\dfrac{1}{8}$ の力で引っ張り上げることができるわけです。

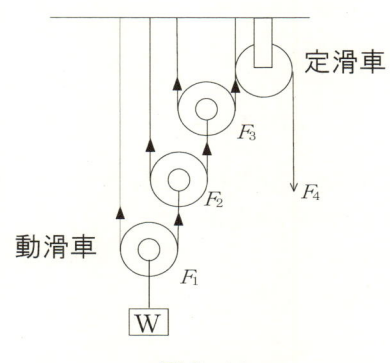

図 2-14

4 摩擦

　図のように，道路上に置かれた四角い石を動かそうとするとき，当然，接触面には摩擦が働きます。

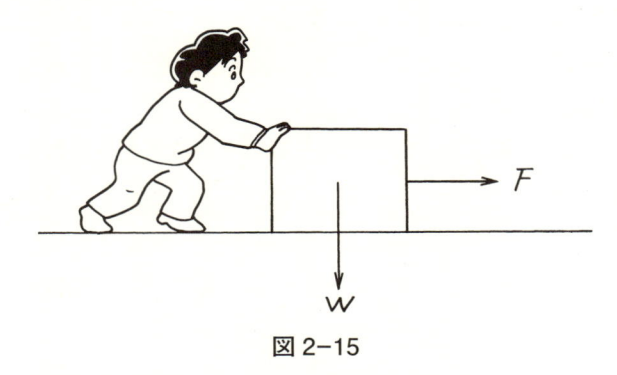

図2-15

　このように，相互に接触している物体を動かそうとするとき，その接触面には動きを妨げる方向に摩擦力が働きます。
　その大きさは，摩擦力を F 〔N〕，接触面に垂直にかかる圧力を W 〔N〕とすると，次の式が成り立ちます。

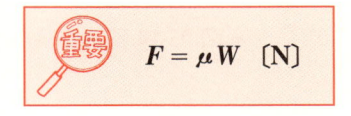

$$F = \mu W \ 〔N〕$$

　μ は**摩擦係数**と言い，接触面の材質によって数値が異なる係数です。

　なお，摩擦力は静止していた物体が動きだすときに最大となり，これを**最大摩擦力**と言います。一般に摩擦力という場合は，この最大摩擦力のことをいいます（注：摩擦力は接触面積の大小には無関係です）。

5 機械材料

5-1 金属材料について

　金属材料には，鉄鋼材料（炭素鋼など）と非鉄金属材料（銅やアルミニウムなど）と呼ばれるものがあります。

　それらのほとんどは，単体の金属に他の元素を加えた**合金**として使用されています（合金とすることによって性能が向上するため）。

(1) 合金の特徴

　金属を合金とすることによって，元の金属に比べて次のように性質が変化します。

1. **硬度**が増す（硬くなる）。
2. **可鋳性**（溶かして他の形に成型できる性質）が増す。
3. **熱伝導率**が減少する。
4. **電気伝導率**が減少する。
5. **融点**（金属が溶ける温度）が低くなる。

(2) 主な合金とその成分

　主な合金には，次頁のような**鉄鋼材料**と**非鉄金属材料**の2つがあります。

1. 鉄鋼材料

炭素等を加えて，その性能を向上させたもので，加える成分によって，①～③をはじめ，様々な種類のものがあります。

① **炭素鋼**…鉄＋炭素（0.02～約2％）

一般工業用材料として広く用いられているもので，炭素の含有量によって，次のように性質が変わってきます。

> ・炭素の含有量が**多い**と，
>   ⇒硬さ，引張り強さが**増す**が，もろくなる。
>
> ・炭素の含有量が**少ない**と，
>   ⇒硬さ，引張り強さは**減少**するが，ねばり強くなる（加工しやすくなる）。

② **鋳鉄**…鉄＋炭素（約2％以上）

もろくて引張り強さにも弱いですが，**色んな形に鋳造できる**という**可鋳性**に富んでいます。可鍛鋳鉄は，このもろさをなくして衝撃に強くしたものをいいます。

③ **合金鋼**

特殊鋼とも言い，炭素鋼に1種，または数種の元素を加えて性質を向上させたり，あるいは用途に応じた性質を持たせたもので，ステンレス鋼や耐熱鋼などがあります。

ステンレス鋼	鉄にクロムやニッケル等を加えて，耐食性を向上させたもの。
耐熱鋼	炭素鋼にクロムやニッケル等を加えて，高温における耐食性や強度を向上させたもの。

（注：ステンレス鋼の鉄は炭素含有量が基準に満たないので，本書では炭素鋼ではなく鉄としてありますが，資料によっては低炭素鋼としてある場合もあります。）

なお，合金鋼には，次のようなものもあります（参考資料）。

・工具鋼（合金鋼）……強度と耐摩耗性に優れ，材料に力を加えて

加工する工具に使用され，はさみ，包丁，のこぎり，かんななどの手工具やドリルなどの工具類に用いられています。
- **高張力鋼**(こうちょうりょく)（合金鋼）……合金成分の添加などにより，一般構造用鋼材よりも引張強度を向上させた鋼材で，タービンの羽根や車のフレームなどに用いられています。

2. 非鉄金属材料

① 銅合金

銅は電気や熱の伝導性に優れていて，腐食しにくく，また加工性にも優れているという利点があるので，電線など一般工業用材料として広く用いられています。

その銅の合金には，次のように銅に亜鉛を加えた黄銅*や，すずを加えた青銅などがあります。

（＊　一般に真ちゅうと呼ばれているもの）

黄銅……銅＋亜鉛

青銅……銅＋すず

② アルミニウム

密度は**鉄の約$\frac{1}{3}$**と軽い材料であり，空気中では酸化されやすいですが，ち密な酸化皮膜を作るので，**耐食性**がよい**銀白色**の金属材料です。

また，熱伝導性，電気伝導性，展性に富むので加工性もよいのですが，**耐熱性**は劣ります。

なお，ジュラルミンなどのアルミニウム合金も**軽量**で**加工しやすく強度も**ありますが，溶接，溶断が難しいので，改造や破損の際の修繕は鋼に比べて困難になります。

3. 材料記号について（参考資料）

主な金属材料の材料記号については，次のようになっています。

金属材料	材質記号
配管用炭素鋼管	SGP
クロムモリブデン鋼	SCM
ステンレス鋼	SUS
ねずみ鋳鉄（普通鋳鉄）	FC
工具鋼	SK（高速度工具鋼は SKH）
アルミニウム	A
銅	C

（注：ねずみ鋳鉄の記号は出題例があります。）

(3) 熱処理について

金属を加熱，または冷却することによって，いろいろな性質に変化させることを熱処理といい，主に鋼に対して行います。

その熱処理には次のようなものがあります。

① 焼き入れ…高温に加熱後，水（または油）で急冷する。
　　効果　→　**硬度（強度）を増す。**

② 焼き戻し…焼き入れした鋼を再加熱後，徐々に冷却する。
　　効果　→　焼入れした鋼は硬くはなりますが，もろくもなるので，そこで焼き戻しをすることによって鋼に**ねばり強さ**を付けます。

③ 焼きなまし…一定時間加熱後，炉内で徐々に冷却する。
　　効果　→　軟らかくして加工しやすくする。

④ 焼きならし…加熱後，大気中で徐々に冷却する。
　　効果　→　内部に生じた**ひずみを取り除き組織を均一**にする。

(4) ねじについて

1. ねじの種類

ねじの種類とそれを表す記号は，次のようになっています。

表 2-1

種類		記号
メートルねじ	ねじの外径（呼び径という）をミリメートルで表したねじで，標準ピッチのメートル並目ねじと，それより細かいピッチのメートル細目ねじがあり，両者ともMのあとに外径（mm）の数値を付けて表す	M
管用平行ねじ	単に機械的接続を目的として用いられる	G
管用テーパねじ	先細りになっている形状のねじで（「テーパ」＝円錐状に先細りになっていることを表す），機密性が求められる管の接続に用いられるインチ三角ねじ	R
ユニファイ並目ねじ	ISO 規格のインチ三角ねじのこと	UNC（ユニファイ細目ねじはUNF）

2. リード角とピッチについて

　リード角は，ねじ山のラインと水平面とのなす角度で（⇒おねじのねじ山の角度），この角度が異なるねじを用いて締めることはできません（無理やり締めるとねじ山が破損する）。

　また，ピッチというのは，ねじの軸に平行に測って，隣り合うねじ山の対応する点の距離（⇒要するに，ねじ山とねじ山の間の距離）をいいます。

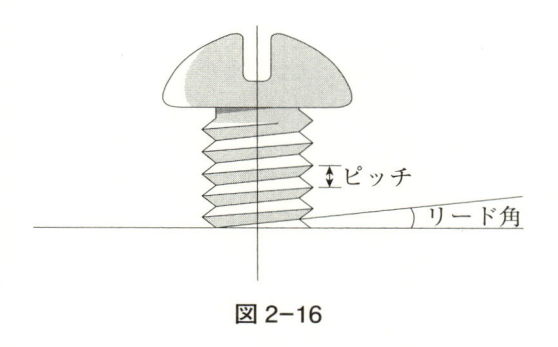

図2-16

(5) 軸　受

　モーターなどの回転軸を支える部分を**軸受**といい，軸と軸受の接触方法から分類した場合，**滑り軸受**と**転がり軸受**に分けられます。

　滑り軸受は，文字通り，軸受とジャーナル（軸受と接している回転軸の部分で次ページの図参照）が滑り接触をしている軸受で，軸受には**軸受メタル**と呼ばれる青銅などの柔らかい金属で作られたものをはめ込み，それに設けられた溝に油が潤滑することにより，すべりやすくしてあります。

　また，**転がり軸受**は，ボールベアリングのように玉やころを使って回転させる軸受で，玉を使うものを**玉軸受**（ボールベアリング），ころを使うものを**ころ軸受**（ローラベアリング）といい，すべり摩擦よりはるかに小さい転がり摩擦なので，現在はこちらが主流です。

機械材料

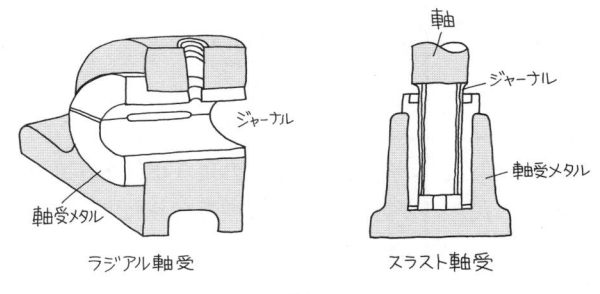

図 2-17

　一方，荷重が作用する方向から分類すると，**ラジアル軸受**と**スラスト軸受**に分けられ，ラジアル軸受は，荷重が軸線に**垂直**に働くときに用いられる軸受で，スラスト軸受は，**軸方向**の荷重を支えるときに用いられる軸受です。

5-2 材料の強さについて

(1) 荷重と応力

　荷重には力のかかり具合によって，図2-18のような種類があります。

　一方，応力は荷重と大きさが等しく，その向きは正反対でつりあっており，図のように荷重と対応した応力があります。

　その応力ですが，①の引張応力と②の圧縮応力を垂直応力といい，記号のσ（シグマ）で表します。

　一方，③のせん断応力はτ（タウ）で表し，その大きさは両者とも，次のように材料に作用する荷重 W〔N〕をその断面図 A〔mm²〕（⇒次ページの①参照）で割った値となります。

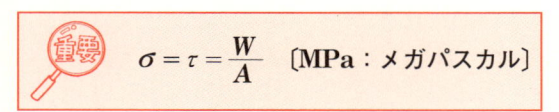

$$\sigma = \tau = \frac{W}{A} \quad \text{〔MPa：メガパスカル〕}$$

$$\begin{cases} \sigma：引張応力，圧縮応力 \\ \tau：せん断応力 \\ W：荷重〔N〕 \\ A：材料の断面積 \end{cases}$$

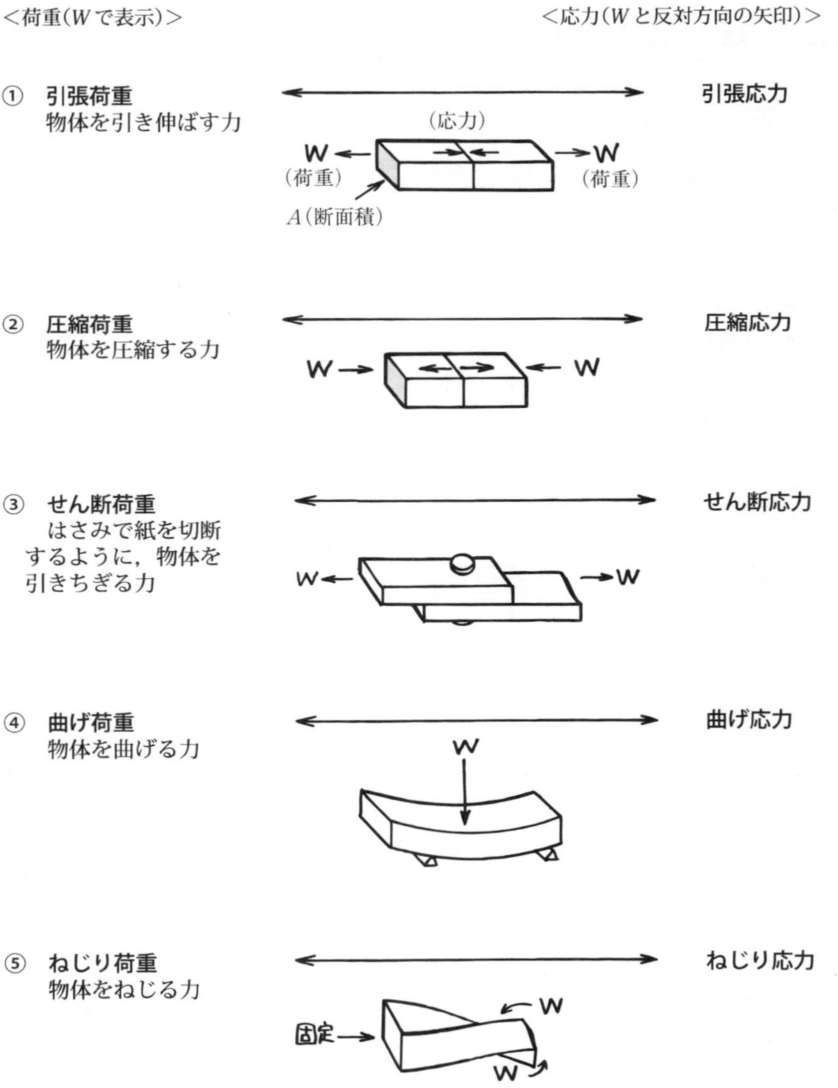
＜荷重（*W* で表示）＞
＜応力（*W* と反対方向の矢印）＞
① 引張荷重
物体を引き伸ばす力
引張応力
（応力）
W
（荷重）
W
（荷重）
A（断面積）
② 圧縮荷重
物体を圧縮する力
圧縮応力
W
W
③ せん断荷重
はさみで紙を切断するように，物体を引きちぎる力
せん断応力
W
W
④ 曲げ荷重
物体を曲げる力
曲げ応力
W
⑤ ねじり荷重
物体をねじる力
ねじり応力
固定
W
W

図 2-18

(2) はりの種類と形状

1. はりの種類

はりは，建物の屋根などの上からの荷重を支えるために柱と柱の間に渡した横木で，次のような種類があります。

- （ア） 片持ばり　　　：一端のみ固定し，他端を自由にしたはり
- （イ） 両端支持ばり：両端とも他端を自由に動くようにしたはり
- （ウ） 固定ばり　　　：両端とも固定支持されているはり
- （エ） 張出しばり　　：支点の外側に荷重が加わっているはり
- （オ） 連続ばり　　　：3個以上の支点で支えられているはり

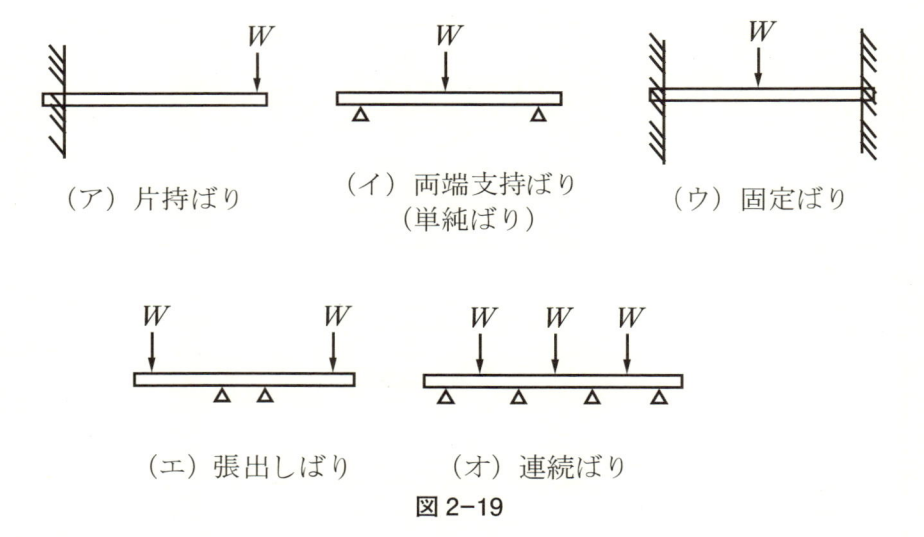

（ア）片持ばり　　（イ）両端支持ばり　　（ウ）固定ばり
　　　　　　　　　　　（単純ばり）

（エ）張出しばり　　（オ）連続ばり

図 2-19

2. はりの形状

材質，断面積が同じ場合において，はりの形状による上下の曲げ荷重に対する強さは，右から左へ行くに従って強くなります。

I > ■ > ■ > ●

図 2-20

(3) ひずみ

たとえば，図のような材料に外力 W を加えて λ (ラムダ)だけ圧縮された場合，外力 W を**荷重**，外力 W に抵抗して材料内部に生ずる力を**応力**，変形した量 λ をもとの長さ l_1 で割った割合を**ひずみ** ε (イプシロン)といいます。

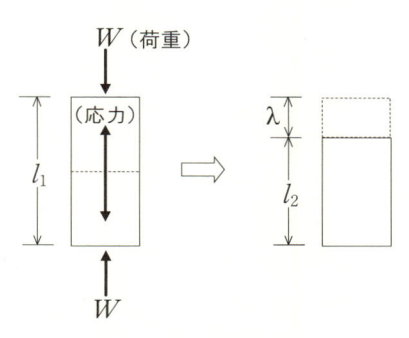

図 2-21

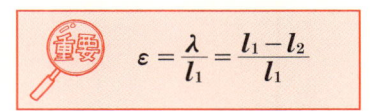

$$\varepsilon = \frac{\lambda}{l_1} = \frac{l_1 - l_2}{l_1}$$

なお，せん断ひずみ（γ）の場合は，図のように垂直ひずみとは変形の方向が 90 度異なり，変位を $\triangle l$ とすると，

$$\gamma = \frac{\triangle l}{l} \quad となります。$$

また，せん断応力（τ）とせん断ひずみとの関係は，次のようになります。

$$\tau = G\gamma$$

図 2-22

G は，せん断力における変形のしやすさを表す定数で，**横弾性係数**（またはせん断弾性係数，あるいは剛性率ともいう）といいます。

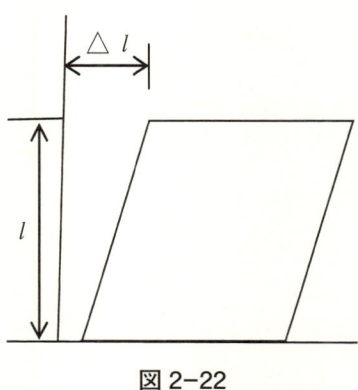

(4) 応力とひずみ

下図は，軟鋼を徐々に引っぱったときの力（引張荷重＝応力）と伸び（ひずみ）の関係を表したものです。

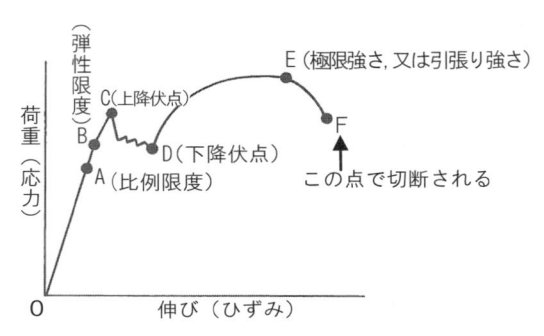

図2-23 応力－ひずみ線図

図のA～F点には，それぞれ図のように名称が付けられ，その内容は，次のようになっています。

A. 比例限度：

荷重と伸びが比例する限界。

すなわち，0～A点までは荷重の大きさに正比例して軟鋼が伸び，A点はその限界ということです。

B. 弾性限度：

荷重を取り除くと伸びが元に戻る限界。

すなわち，0～B点までは，引っぱるのを止めて軟鋼を放しても，それまで伸びていた部分が元の長さに戻り，B点はその限界，ということです。

従って，B点以降の伸び（ひずみ）は元に戻らない**永久ひずみ**となります。

C～D．降伏点：

B点を過ぎると伸びは永久ひずみとなりますが，荷重がC点に達すると，荷重は増加しないのに伸びが急激に増加してD点まで達します。このC点を上降伏点，D点を下降伏点といいます。

E. 極限強さ（引張強さ）：
　　材料が耐えうる最大荷重，すなわち，D点の降伏点よりさらに荷重を加えると，荷重に比べて伸びが大きくなり，材料が耐えうる極限の強さE点に達し，その後はさらに伸びが増加し，F点で破壊されます。
　　このE点の応力を**極限強さ**といい，引張り力のときは**引張強さ**，圧縮力のときは圧縮強さ，といいます。
　　なお，F点は**破断点**といいます。

(5) 許容応力と安全率

1. 許容応力

　今まで説明してきましたように，材料に外力を加えると材料の内部には応力が生じます。その応力のうち，材料を安全に使用できる応力の最大を**許容応力**といいます。

　前ページの図でいうと，B点の弾性限度内，すなわち，外力（荷重）を加えても元の長さに戻る範囲内に，この許容応力を設定しておく必要があります。

2. 安全率

　その許容能力ですが，材料が耐えうる最大の荷重，すなわち，極限強さの何割であるかを表した値を安全率といい，次式で表されます。

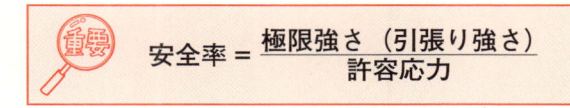

$$安全率 = \frac{極限強さ（引張り強さ）}{許容応力}$$

　この値が大きいほど，強度に余裕をもって材料を使用することができます。

(6) その他

1. クリープ現象

　材料に一定荷重を長時間加えた場合，時間が経つにつれて，ひずみが**増加**する現象をいいます。
　このクリープは，**応力が大きいほど**，また，**温度が高いほど**大きくなります。

> ＜材料のクリープ現象＞
> ・応力が大きいほど，
> ・温度が高いほど
> ⇒　大きくなる

2. 材料の疲れ

　材料に繰り返し荷重を加えた場合，静荷重の場合よりも小さい荷重で破壊する現象のことをいいます。

コーヒーブレイク

解答に際して
「難問は後回し。」

　これは，解答速度とも関連することですが，１問にあまり長い時間を掛けていると残りの問題をすべて解答できなくなってしまいます。
　従って，「これは（自分にとっては）難問だな」と判断したら即，後回しにし，次の問題に取りかかった方が得策です。
　ただしその際，その問題の解答用紙にはとりあえず何番かの解答を書いておき，問題用紙の問題番号の横辺りには「？」のように印をつけておけば，後で「再挑戦」する際，見つけやすくなります。

問題にチャレンジ！

（第2編　機械に関する基礎知識）

<水理　→P.98>　（1, 2, 3類のみ）

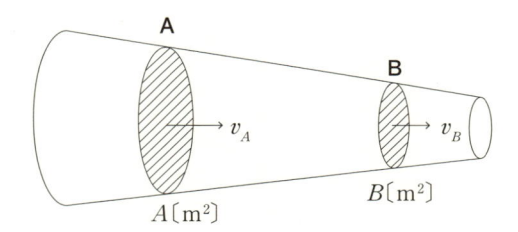

問題1

下図のような管の中をAからBの方向に水が流れており，流速 v_B は流速 v_A の3倍となっている。この場合，B断面の断面積はA断面の断面積の何倍になるか。

(1) $\frac{1}{3}$ 倍　　(2) 2倍　　(3) 3倍　　(4) 9倍

解説

P100の 2. 連続の定理，$Q = A \times v = $ 一定 より，流量 Q が一定なので，流速 v が3倍になれば，断面積 A は逆に $\frac{1}{3}$ になります。

問題2

配管内を流れる液体の摩擦損失水頭について，次のうち誤っているものはどれか。
(1) 配管の内径に比例する。
(2) 管の長さに比例する。
(3) 流速の2乗に比例する。
(4) 管と液体の摩擦損失係数に比例する。

解答

解答は次ページの下欄にあります。

解説

P 104 の 5. 摩擦損失 より，摩擦損失は，「**管の長さ**」と「**平均流速の2乗**」に比例し，「**管の内径**」に反比例します。

従って，(1)の「配管の内径に比例する。」が誤りです。

問題3

断面積が 200cm² と 400cm² の図のような水を入れた容器がある。両者を細い管で連結させて，A に重さ W〔N〕の物体を置き，ピストン B に 10N の力を加えた場合，両者はつり合った。A に置かれた物体の荷重として，次のうち正しいものはどれか。

(1)　10 N
(2)　50 N
(3)　100 N
(4)　200 N

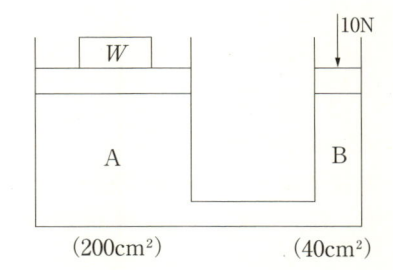

解説

密閉された容器内で液体の一部に圧力を加えると，当然，すべての容器内にその圧力は伝わります。その際，圧力の強さ，つまり**単位面積に働く圧力の大きさ**は，どの部分も同じです。これを**パスカルの原理**といいます。

従って，問題の A の容器と B の容器内の単位面積に働く圧力も同じ，ということになります。つまり，

$$\frac{W}{200} = \frac{10}{40}$$

となるので，

$W = 50$〔N〕

となります。

解 答

【問題1】…(1)　【問題2】…(1)

問題 4

気体に関するボイル・シャルルの法則について，次のうち正しい記述のものはどれか。

(1) 一定量の気体の体積は圧力に反比例する。
(2) 一定量の気体の体積は圧力の2乗に反比例する。
(3) 一定量の気体の体積は絶対温度に反比例する。
(4) 一定量の気体の体積は絶対温度の2乗に反比例する。

解説

気体を理想気体とした場合，圧力を P，体積を V，絶対温度を T（セ氏温度を t とすると，$T = t + 273$，と表される温度。）とすると，

$$\frac{PV}{T} = 一定$$

という式が成り立ちます。

これを**ボイル・シャルルの法則**といい，ことばで表すと，「一定量の気体の体積は，圧力に反比例し，絶対温度に比例する。」となります。

従って，気体の体積 V は圧力 P に反比例するので，(1)が正解です。

なお，先ほどの $\frac{PV}{T} =$ 一定 という式ですが，変化前の気体の圧力を P_1，体積を V_1，絶対温度を T_1 とし，変化後の圧力を P_2，体積を V_2，絶対温度を T_2 とすると，

$$\frac{P_1 V_1}{T_1} = \frac{P_2 V_2}{T_2}$$

という式が成り立つので，それぞれの条件によって，変化後の圧力や体積などを求めることができます。

<力について ⇒P.109>

問題 5

回転軸 O から 2m の点 A に，図のように A に直角に 400N の力を加えた場合，曲げモーメントの値として正しいのは，次のうちどれか。

解答

【問題3】…(2)

(1) 200 N·m
(2) 400 N·m
(3) 600 N·m
(4) 800 N·m

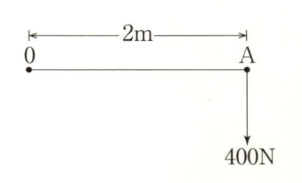

```
      |←―― 2m ――→|
      0           A
                  |
                  ↓
                 400N
```

解説

モーメント M は，物体を回転させる力の働きをいい，力を F，回転軸から作用点までの距離を l とすると，

$M = F \times l$ という式で表されます。

従って，計算すると，

$M = 400 \times 2$
  $= 800\,\text{N·m}$ となります。

問題6

図のようなパイプレンチを使用して丸棒を回転させるため，丸棒の中心から 50 cm のところを握って 100 N の力を加えた。このとき，丸棒が受けるモーメントの値として正しいものはどれか。

(1) 20 N·m
(2) 30 N·m
(3) 50 N·m
(4) 100 N·m

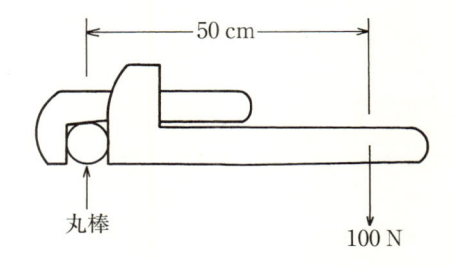

解説

前問から，モーメントは，$M = F \times l$ という式で求められますが，この問題の場合，回転軸は丸棒の中心の位置にあり，作用点は力を加えた部分，すなわち，丸棒の中心から 50 cm のところなので，回転軸から作用点までの距離 l は，50 cm となります。その部分に 100 N が加わるので，モーメント M は，

解 答

【問題4】…(1)

$M = F \times \ell$
$\quad = 100 \times 0.5$ （注：50 cm はメートルの単位にしておきます）
$\quad = 50\,\mathrm{N \cdot m}$ となります。

問題 7

図のようなスパナを用いてボルトを締め付けた場合，そのトルクはいくらになるか。

(1) $75\,\mathrm{N \cdot m}$
(2) $120\,\mathrm{N \cdot m}$
(3) $750\,\mathrm{N \cdot m}$
(4) $1,200\,\mathrm{N \cdot m}$

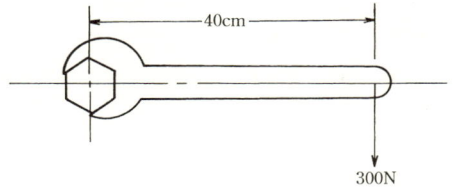

解説

トルクとは，モーメントを工学的に言い表したもので，計算式はモーメントを求める式と同じです。
従って，ボルトに作用するモーメント（トルク）は，
$\quad 300 \times 0.4 = 120\,\mathrm{N \cdot m}$ となります。

＜運動と仕事　⇒P.114＞

問題 8

速度を $v\,[\mathrm{m/s}]$，時間を $t\,[秒]$，距離を $S\,[\mathrm{m}]$ とした場合，これら相互の関係を表す式として，次のうち正しいのはどれか。

(1) $v = St$
(2) $v = \dfrac{S}{60t}$
(3) $S = vt$
(4) $t = \dfrac{S}{60v}$

解　答

【問題 5】…(4)　【問題 6】…(3)

解説

たとえば，1秒間に1mの速度で10秒間歩くと，距離は10mとなります。この1秒間に1mというのは速度vであり，10秒間というのは時間tであり，10mというのは距離Sになります。

つまり，速度（v）に時間（t）を掛けると距離（S）になるわけです。ということで，$vt = S$となり，⑶が正解となります。

なお，加速度運動の場合は，加速度をa〔m/s^2〕，初速をv_0〔m/s〕，時間t〔s〕の間に進む距離をS〔m〕とすると，

$$S = v_0 t + \frac{1}{2} a t^2$$ となります（⇒ 出題例があります）。

問題9

運動の法則について，次のうち誤っているものはどれか。
⑴　運動の第1法則は，慣性の法則である。
⑵　運動の第2法則は，運動の法則またはニュートンの運動方程式とも呼ばれている。
⑶　質量mの物体に力Fを加えた場合に生じる加速度をaとすると，運動の第2法則は，$F = ma^2$という式で表すことができる。
⑷　運動の第3法則は，作用反作用の法則である。

解説

運動の第2法則は，「物体が力を受けると，その力の方向に加速度が生じ，また，加速度は力の大きさに比例し，物体の質量に反比例する」という法則です。

従って，加速度aは力Fに比例し，質量mに反比例するので，
　　　$F = ma$という式で表すことができます。

なお，⑷の**作用反作用の法則**は重要ポイントです。

解答

【問題7】…⑵　【問題8】…⑶

問題 10

物体に力 F〔N〕が働いて力の方向に S〔m〕だけ移動したときは，$W = FS$ という式が成り立つが，この W を示すものとして，次のうち正しいものはどれか。

(1) 仕事率
(2) 変位
(3) 仕事量
(4) 荷重

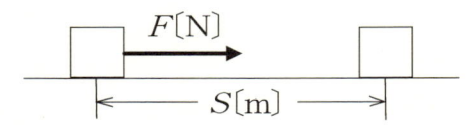

解説

ある物体に力 F が働いて距離 S を移動した場合，力 F が物体に対して仕事をしたことになり，この場合の $F \times S$ を**仕事量**といい，記号 W で表します（単位は〔J〕）。

なお，F の単位は N〔ニュートン〕，S の単位は〔m〕なので，

$$\text{〔N〕} \times \text{〔m〕} = \text{〔N·m〕} = \text{〔J〕}$$

という単位になります。

また，(4)の仕事率ですが，仕事量 W を（それに要した）時間 t〔秒〕で割った値のことで **(仕事率＝単位時間あたりの仕事量)**，別名**動力**ともいい，記号 P で表すと，

$$P \text{ (仕事率)} = \frac{W}{t}$$

となります。

単位については〔J/s〕または〔W：ワット〕となります。

（※上記の色アミ部分は出題例があるので，要注意！）

解答

【問題 9】…(3)

<滑車 ⇒P.116>

問題 11

図のように，荷重が 10,000 N の物体を動滑車を組み合わせて引き上げる場合，図の定滑車でのロープの張力 F_4 は最低何 N 以上必要となるか。

(1) 1,000 N
(2) 1,250 N
(3) 25,000 N
(4) 10,000 N

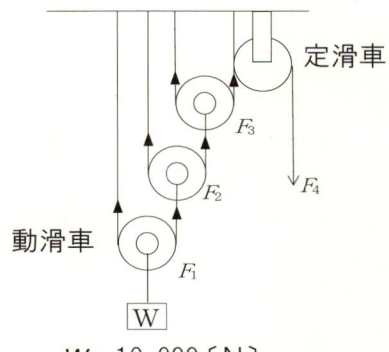

解説

重量物を図のようにして巻き上げる場合，定滑車では，荷重はそのままですが，動滑車（ロープを引くことにより動く滑車）では，$\frac{1}{2}$ になります。

従って，動滑車が 2 個では $\frac{1}{2} \times \frac{1}{2} = \frac{1}{4} = \frac{1}{2^2}$，3 個では $\frac{1}{2} \times \frac{1}{2} \times \frac{1}{2} = \frac{1}{8} = \frac{1}{2^3}$ となるので，動滑車が n 個では荷重が $\frac{1}{2^n}$ になります。

従って，動滑車の場合，ロープにかかる張力 F は，

$$F = \frac{W}{2^n}$$ となります。

以上より，問題の張力を考えると，定滑車では荷重はそのままなので，

$$F_3 = F_4$$

つまり，定滑車でのロープの張力 F_4 は，F_3 の張力を求めればよい，ということになります。

従って，F_3 までに動滑車は 3 つあるので，

$$F_3 = \frac{W}{2^3} = \frac{10,000}{2^3}$$
$$= \frac{10,000}{8}$$
$$= 1,250 \text{ N}$$ となります。

（すなわち，10,000 N の荷重が，動滑車 3 個により 1,250 N に軽減されたということになるわけです。）

解 答

【問題 10】 …(3)

<摩擦 ⇒P.118>

問題 12

ある物体を水平な面の上に置き，水平方向に 500 N の力を加えたとき初めてこの物体を動かすことができた。この物体が水平な面を垂直に押しつける力として正しいものは次のうちどれか。ただし，**摩擦係数は 0.5** とする。

(1) 100 N　　(2) 150 N
(3) 250 N　　(4) 1000 N

解説

摩擦力を F 〔N〕，摩擦係数を μ，接触面に垂直にかかる圧力を W 〔N〕とすると，次の式が成り立ちます。

$$F = \mu W \ \text{〔N〕}$$

この摩擦力は，物体が動きだすときに最大となり，これを**最大摩擦力**といい，一般に摩擦力という場合は，この最大摩擦力のことをいいます。

さて，問題の場合，W は 500 N，摩擦係数 μ は0.5なので，式に代入すると，

$F = \mu W$
　　$= 0.5 \times 500$
　　$= 250 \text{N}$ となります。

<金属材料 ⇒P.119>

問題 13

次の文中の（　）内に当てはまる語句として，適当なものはどれか。
「金属材料は，工業材料として多く使われているが，単体の金属として使用されることはほとんどなく，単体にいろいろの元素を含ませた（　）として使用されている。」

(1) 鉄鋼
(2) 合金
(3) 化合物
(4) 特殊鋼

解　答

【問題 11】 …(2)

解説

消火器などに用いられる金属材料には，鉄鋼材料（炭素鋼など）と非鉄金属材料（銅やアルミニウムなど）と呼ばれるものがあり，そのほとんどは単体の金属に他の元素を加えた**合金**として用いられています。

問題 14

次のうち，鉄鋼材料でないものはどれか。
(1) 炭素鋼　　(2) ステンレス鋼
(3) 黄銅　　　(4) 鋳鉄

解説

鉄鋼とは，**鉄に炭素を加えた合金**をいい，炭素の含有量によって，**炭素鋼，鋳鉄，合金鋼（ステンレス鋼**など）などがあります。

従って，(1)，(2)，(4)は正しいですが，(3)の黄銅は，真ちゅうともいわれ，「銅」という文字からもわかるように，**銅の合金（銅＋亜鉛）**なので，鉄鋼材料ではありません。

問題 15

合金について，正しいものはいくつあるか。
A 白銅は，銅にニッケルを少量加えたもので，硬くさびにくい銀白色の合金である。
B 青銅は銅とマンガンの合金で，古くなると緑色の緑青（銅のさび）を生ずるのでこの名前の由来がある。
C ベリリウム銅はベリリウムとの合金で，耐食性・導電性がよい。
D ジュラルミンは，炭素鋼とニッケルの合金である。
E ニッケルとマンガンの合金をステンレス鋼という。
(1) 1つ　(2) 2つ　(3) 3つ　(4) 4つ　(5) 5つ

解説

A ○

解答

【問題 12】…(3)　【問題 13】…(2)

白銅は，銅にニッケルを少量加えたもので，硬くさびにくい（⇒**耐食性**，**耐海水性**がよい）銀白色の合金です。

B ×

青銅は銅とマンガンではなく，銅とすずとの合金で，鋳造性・被削性・耐食性にすぐれた，別名ブロンズとも呼ばれる合金です。

C ○

D ×

ジュラルミンは，炭素鋼ではなく，**アルミニウム**の合金です。

E ×

ステンレス鋼は，**炭素鋼**に**クロム**と**ニッケル**などを加えた特殊鋼（合金鋼）です。

従って，正しいのは，A，Cの2つとなります。

問題 16

非鉄金属材料で，次に示す性質をもつ金属はどれか。

「密度は鉄の約 $\frac{1}{3}$ と軽い材料であり，ち密な酸化皮膜をつくると，耐食性のよい金属材料として使用できる。」

(1) アルミニウム　　(2) マグネシウム
(3) チタン　　　　　(4) ニッケル

解説

密度は，アルミニウムが $2.68 \, \text{g/cm}^3$，マグネシウムが $1.74 \, \text{g/cm}^3$，チタンが $4.51 \, \text{g/cm}^3$，ニッケルが $8.69 \, \text{g/cm}^3$ となります。

よって，鉄の密度が $7.86 \, \text{g/cm}^3$ なので，その約 $\frac{1}{3}$ の密度という条件に該当するのは，(1)のアルミニウムということになります。

問題 17

次の文中の（　）内に当てはまる語句として，適当なものはどれか。

解　答

【問題 14】…(3)　【問題 15】…(2)

「耐熱鋼とは，炭素鋼に多くの（　）を加えて，高温で酸化しにくくし，機械的性質を改善したものである。」
(1)　ケイ素やチタン
(2)　クロムやニッケル
(3)　モリブデンや鉛
(4)　硫黄やカルシウム

|解説|

　耐熱鋼は，鉄鋼のもつ，高温では酸化しやすく強度が低下するという欠点を補うために，10〜20％程度の**クロム**や**ニッケル**などを加えて，その機械的性質を改善した合金鋼です。
　なお，耐熱鋼には，大きく分けてオーステナイト系とフェライト系（クロムやモリブデンなどを添加したもの）がありますが，問題文の耐熱鋼は，オーステナイト系の耐熱鋼で，フェライト系の耐熱鋼に比べて，より高温の環境でも用いることができます。

＜熱処理について　⇒P.122＞

問題18

炭素鋼の熱処理について，次のうち誤っているものはどれか。
(1)　焼入れとは，高温に加熱して急冷することをいう。
(2)　焼き戻しとは，一度焼入れしたものを焼入れ温度以上の高温に加熱した後，急冷することをいう。
(3)　焼きなましとは，高温に加熱してから炉中，空気中又は灰の中などで徐冷することをいう。
(4)　焼きならしとは，低温で圧延などの加工を受けた鋼の内分のひずみの除去，材料の軟化などの目的で焼入れ温度程度まで加熱した後，徐冷することをいう。

|解説|

(1)　正しい。

|解　答|

【問題16】…(1)

焼き入れは，高温に加熱後，水（または油）で**急冷**することで，材料の**硬度**（強度）が増します。

(2) 誤り。

鋼を焼入れすると硬くはなりますが，もろくもなるので，一度焼入れしたものを再度，焼入れ**温度より低い温度**で再加熱し，**徐々に冷却して**鋼に**ねばり強さ**を付ける熱処理が焼き戻しになります。

従って，「焼入れ温度以上」と「急冷」が誤りです。

(3) 正しい。

焼きなましは，一定時間加熱後，炉内や空気中などで徐々に冷却することによって材料を軟らかくして加工しやすくする熱処理です。

(4) 正しい。

焼きならしは，加熱後，大気中で徐々に冷却することによって，内部に生じたひずみを取り除き**組織を均一にする**熱処理です。

問題 19

鋼などの金属を加熱，または冷却することによって，必要な性質の材料に変化させることを熱処理と言うが，次の表において，その熱処理の内容（説明），及び目的として，誤っているものはどれか。

	内　　容	目　　的
(1)焼き入れ	高温に加熱後，油中又は水中で急冷する。	硬度を増す。
(2)焼き戻し	焼き入れした鋼を，それより低温で再加熱後，徐々に冷却する。	焼入れにより低下したねばり強さを回復する。
(3)焼きなまし	一定時間加熱後，炉内で徐々に冷却する。	組織を安定させ，また，軟化させて加工しやすくする。
(4)焼きならし	加熱後，炉内で急激に冷却する。	ひずみを取り除いて組織を均一にする。

解　答

【問題 17】…(2)　【問題 18】…(2)

解説

前問の解説より，(1)(2)(3)は正しいですが，(4)の焼きならしは，加熱後，炉内で急激に冷却するのではなく，大気中で徐々に冷却することによって，ひずみを取り除いて組織を均一にします。

問題 20

炭素鋼の焼入れについて，次のうち誤っているものはどれか。
(1) 焼入れは材料を強くするために行う。
(2) 焼入れは高温に過熱しておいて急冷する操作を行う。
(3) 焼入れは材料のひずみを取り除くために行う。
(4) 焼入れは材料を硬くするために行う。

解説

前問の表より，焼き入れは，炭素鋼を高温に加熱後，水（または油）で急冷することにより**材料を硬くして強化する**目的で行う熱処理であり，ひずみを取り除くために行う熱処理ではないので，(3)が誤りです（ひずみは**焼きならし**や**焼きなまし**などの熱処理を行って取り除きます）。

<ねじ ⇒P.123>

問題 21

ねじについての説明として，次のうち誤っているものはどれか。
(1) リードとは，ねじを1回転させたときに軸方向に移動する距離のことである。
(2) ピッチとは，ねじの軸に平行に測って，隣り合うねじ山の対応する点の距離をいう。
(3) ねじが機械の振動などによって緩むことを防ぐ方法に，リード角が異なるねじを用いる方法がある。
(4) ねじが機械の振動などによって緩むことを防ぐ方法に，座金や止めナットを用いる方法などがある。

解 答

【問題 19】…(4)

|解説|

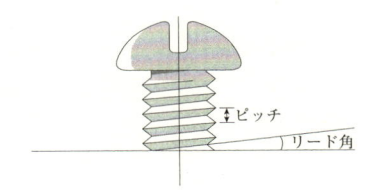

(1) 正しい。
(2) 正しい。なお，「隣り合うねじ山の対応する点」とは，要するに，ねじ山とねじ山の間の距離のことです。
(3) リード角とは，ねじ山のラインと水平面とのなす角度，すなわち，おねじのねじ山の角度をいい，この角度が異なるねじを用いて締めるとねじ山が破損するので，誤りです。
(4) 正しい。なお，その他，ピンや止めねじなどを用いる方法もあります。

|問題22|

日本工業規格上,「M 10」で表されるねじがある。このねじの種別として，次のうち正しいものはどれか。
(1) 管用テーパねじ
(2) 管用平行ねじ
(3) メートル並目ねじ
(4) ユニファイ並目ねじ

|解説|

ねじの種類を表す記号は次のようになっています。

種類	記号
メートルねじ	M
管用平行ねじ	G
管用テーパねじ	R（雄ねじの場合。なお，雌ねじは Rc で表す）
ユニファイ並目ねじ	UNC（ユニファイ細目ねじは UNF）

|解　答|

【問題20】…(3)　【問題21】…(3)

メートルねじは，ISO 規格のメートル三角ねじのことで，標準ピッチのメートル並目ねじとそれより細かいピッチのメートル細目ねじがあり，両者ともMのあとに外径（mm）の数値を付けて表します。

管用平行ねじは，単に機械的接続を目的として用いられるもので，記号Gで表します。

管用テーパねじは，先細りになっている形状のねじで（「テーパ」＝円錐状に先細りになっていることを表す），機密性が求められる管の接続に用いられるインチ三角ねじであり，雄ねじ（ボルトのようにねじ山が外側についているもの）は記号Rで表します。

ユニファイねじは，ISO 規格のインチ三角ねじのことで，並目ねじと細目ねじがあり，並目ねじはUNC，細目ねじはUNFで表します。

以上より，M10は，外径10mmのメートルねじを表しているので，(3)が正解です。

なお，三角ねじというのは，ねじ山が60度の三角形をしているねじで，精密な加工が可能で緩みにくいので，一般的に広く用いられているねじです。

＜軸受　⇒P.124＞

問題 23

軸受の説明として，次のうち誤っているものはどれか。
(1) 軸受は，荷重の方向から分類すると，ラジアル軸受とスラスト軸受に分類される。
(2) 軸受は，軸と軸受の接触方法から分類すると，滑り軸受と転がり軸受に分類される。
(3) 滑り軸受は，軸受とジャーナルが滑り接触をしている。
(4) スラスト軸受は，荷重が軸線に垂直に働くときに用いられる軸受である。

|解説|

P125より，スラスト軸受は，軸線に垂直ではなく**軸方向**の荷重を支えるときに用いられる軸受です（選択肢(4)はラジアル軸受けの説明）。

|解　答|

【問題 22】…(3)

<荷重と応力　⇒P.126>

問題 24

図のような，両端支持ばりに300Nと500Nの集中荷重が働いている場合の反力R_AとR_Bの値はいくらになるか。

	R_A	R_B
(1)	49 N	100 N
(2)	120 N	240 N
(3)	310 N	490 N
(4)	410 N	510 N

解説

このような問題の場合，A点またはB点を基準にして，右まわりと左まわりのモーメントの和を求め，

右まわりのモーメントの和＝左まわりのモーメントの和の式より，R_AとR_Bの値を求めていきます。

① まず，A点を基準にして，右まわりと左まわりのモーメントを求めます。

右まわりのモーメントの和 $= 300 \times 0.3 + 500 \times 0.8$
$= 90 + 400$
$= 490 \, \text{N} \cdot \text{m}$

左まわりのモーメント $= R_B \times 1.0 \, \text{N} \cdot \text{m}$

つりあっているとき，両者は等しいので，
　　　$490 = R_B \times 1.0$　　　$R_B = \textbf{490 N}$ となります。

② 次に，B点を基準にして，右まわりと左まわりのモーメントを求めます。
　　右まわりのモーメントの和 $= R_A \times 1.0 \, \text{N} \cdot \text{m}$

解　答

【問題 23】…(4)

左まわりのモーメントの和 $= 300 \times 0.7 + 500 \times 0.2$
$= 210 + 100$
$= 310$

両者は等しいので，$R_A \times 1.0 = 310$
$R_A = \mathbf{310\,N}$ となります。

問題 25

長さ l_1 のある材料に外力が働き l_2 になった。このときのひずみを表す式として，正しいものは次のうちどれか。

(1) $\dfrac{l_1 - l_2}{l_2}$ (2) $\dfrac{l_2 - l_1}{l_1}$ (3) $\dfrac{l_1}{l_2 - l_1}$ (4) $\dfrac{l_1 + l_2}{l_1}$

解説

ひずみは，変形した量 $(l_2 - l_1)$ をもとの長さ l_1 で割った割合なので，(2) が正解です。

問題 26

断面積 $200\,\text{mm}^2$ の銅に $10{,}000\,\text{N}$ のせん断荷重を加えたときのせん断ひずみの値として，次のうち正しいものはどれか。

ただし，横弾性係数 G は $50{,}000\,\text{MPa}$ とする。

(1) $\dfrac{1}{100}$ (2) $\dfrac{1}{250}$ (3) $\dfrac{1}{1{,}000}$ (4) $\dfrac{1}{2{,}500}$

解説

せん断応力 (τ) とせん断ひずみ (γ) の関係は，P 129 の(3)より，$\tau = G\gamma$ という関係が成り立つので，

せん断ひずみ γ は，$\gamma = \dfrac{\tau}{G}$ として求められます。

従って，せん断応力 τ は，$\tau = \dfrac{W}{A} = \dfrac{10{,}000}{200} = 50\,\text{MPa}$（⇒ P 126 の式），

G は $50{,}000\,\text{MPa}$ なので，

せん断ひずみ $\gamma = \dfrac{\tau}{G}$

解答

【問題 24】…(3)

$$= \frac{50}{50,000}$$
$$= \frac{1}{1,000} \text{ となります。}$$

問題 27

図のようなリベット A，B による継手がある。A のリベットの直径は B のリベットの直径の $\frac{1}{2}$ である。これらを図のような方向に一定の力 F〔N〕で引っ張った場合，A と B のリベットの断面に生じるせん断応力の比較として，次のうち正しいものはどれか。

ただし，A のリベットの断面に生じるせん断応力を τ_a，B のリベットの断面に生じるせん断応力を τ_b とする。

(1) $\tau_a = \frac{1}{2} \tau_b$

(2) $\tau_a = \tau_b$

(3) $\tau_a = 2\tau_b$

(4) $\tau_a = 4\tau_b$

解説

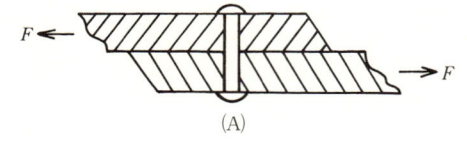

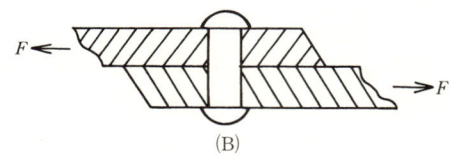

せん断応力（τ で表す）をはじめ，**圧縮や引張り応力**（σ で表す）は，次のように，荷重 W（問題では F〔N〕）を断面積 A で割って求めます。

$$\tau = \frac{W \,〔\text{N}〕}{A \,〔\text{mm}^2〕} \quad \text{単位は，}〔\text{N/mm}^2〕= 〔\textbf{MPa}〕\text{ です。}$$

断面積 A は，直径を D とすると，$A = \frac{\pi D^2}{4}$ なので，せん断応力 τ は，

$$\tau = \frac{F}{A} = \frac{4F}{\pi D^2} \quad \text{となります（⇒ 直径 } D \text{ が大きいほど } \tau \text{ は小さくなる）。}$$

リベット A の断面積を D とすると，リベット B の断面積は $2D$ なので，これを上式に代入して τ_a，τ_b を求めると，

解 答

【問題 25】…(2)　　【問題 26】…(3)

$$\tau_a = \frac{4F}{\pi \times D^2}$$

$$\tau_b = \frac{4F}{\pi \times (2D)^2} = \frac{4F}{\pi \times D^2} = \frac{1}{4} \cdot \left(\frac{4F}{\pi \times D^2}\right)$$

$$= \frac{1}{4} \cdot \tau_a$$

∴ $\tau_a = 4\tau_b$ となり，リベットAのせん断応力は，リベットBのせん断応力の4倍となります。

なお，τ はタウ，σ はシグマと読みます。

問題 28

下図は，軟鋼を常温で引張試験したときの「公称応力—公称ひずみ曲線」を示したものであるが，その説明として，次のうち誤っているものはどれか。

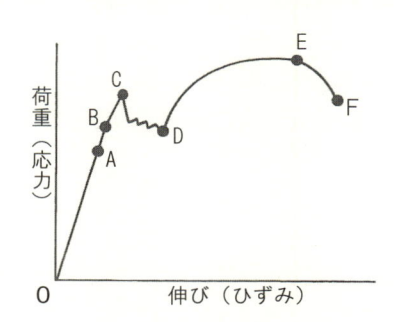

(1) A点までは公称応力は公称ひずみに比例する。この点の公称応力を比例限度という。
(2) B点までは荷重を取り去れば公称応力も公称ひずみもなくなる。この点の公称応力を弾性限度という。
(3) C点を過ぎると，荷重を増さないのに公称ひずみが増加し，D点に進む。このC点の公称応力を上降伏点，D点の公称応力を下降伏点という。
(4) E点で公称応力は最大になりF点で破断する。このF点の公称応力を引張強さという。

解 答

【問題 27 】…(4)

解説

P130の(4)応力とひずみより、(1)(2)(3)の記述は正しい。

しかし、(4)のF点は、材料が破壊される**破断点**であり、引張強さ（極限強さ）となる点はE点の方なので、誤りです。

＜安全率　⇒P.131＞

問題29

鉄鋼材料の許容応力と安全率について述べた説明として、次のうち誤っているものはどれか。
(1) 安全率は、材料及び荷重の種類等に応じて値を定める。
(2) 材料の許容応力は、材質、荷重のかかり方、使用条件によって変化する。
(3) 材料の許容応力の最低限度の値は一定である。
(4) 材料が破壊するまでの最大応力を安全率で除したものが許容応力である。

解説

材料に外力を加えると材料の内部には応力が生じますが、そのうち、材料を安全に使用できる応力の最大を許容応力といいます。

一方、**材料が耐えうる最大荷重**のことを引張強さ（または極限強さ）といい、その引張強さが許容応力の何倍か、という数値を表したものが安全率です。

すなわち、**安全率 ＝ 引張強さ÷許容応力**　となります。
これを許容応力を求める形にすると、
　　　許容応力 ＝ 引張強さ÷安全率　となります。

従って、(4)は「材料が破壊するまでの最大応力」ではなく、「材料が耐えうる最大荷重（＝引張強さ）」を安全率で除したものが許容応力ということになります。なお、引張強さを求める形にすると次のようになります。

　　引張強さ ＝ 許容応力×安全率　（⇒　出題例あり）

解答

【問題28】…(4)

問題 30

金属材料の引張強さ（基準強さ），許容応力，安全率の関係式として，次のうち正しいものはどれか。

(1) 安全率 = $\dfrac{極限強さ（引張強さ）}{許容応力}$

(2) 安全率 = $\dfrac{許容応力}{引張強さ}$

(3) 安全率 = 引張強さ － 許容応力

(4) 安全率 = 許容応力 － 引張強さ

解説

前問の解説参照。

＜その他　⇒P.132＞

問題 31

金属材料のクリープについて，説明しているものは，次のうちどれか。
(1) 材料が腐食している場合に荷重を加えると，変形や割れが生じやすくなる現象をいう。
(2) 材料に荷重を繰返し加え続けていくと，材料は静荷重を受けるよりも，はるかに小さな荷重で破壊を起こす現象をいう。
(3) 一定の荷重を長時間加えると，時間がたつにつれて，材料ひずみが増加する現象をいう。
(4) 材料に切欠きがある場合に荷重が加わると，一般的に切欠き部分の応力が非常に大きくなる現象をいう。

解説

クリープとは，高温状態で材料に**一定の静荷重（応力）**を加えた場合，時間とともに**ひずみが増加する現象**のことをいい，**応力が大きいほど**，また，**温度が高いほど**大きくなります。

なお，(2)は，**材料の疲れ**に関する説明です。

解　答

【問題 29】…(4)

問題 32

10 kN の物体を水平に **5 m** 移動させたときの仕事量 W はいくらか。また，この仕事量を 5 秒間で行った場合，その動力 P はいくらになるか。

ただし，物体と接触する面との摩擦はないものとする。

	仕事量 W	動力 P
(1)	2 kJ	250 W
(2)	10 kJ	1.25 kW
(3)	50 kJ	10 kW
(4)	100 kJ	50 kW

解説

仕事量を W，力を F，移動した距離を S とすると，仕事量 W は，
$$W = F \times S$$
で求められます。

よって，
$$W = 10 \text{ kN} \times 5 \text{ m} = 50 \text{ [kN·m]}$$
$$= \mathbf{50 \text{ [kJ]}}$$

となります。

また，動力 P は仕事量 W をそれに要した時間 t〔秒〕で割ったものだから，

$$P = 50 \text{ kJ} \div 5 \text{ 秒} = \mathbf{10 \text{ kW}}$$ となります（J/s = W より）。

解答

【問題 30】…(1)　【問題 31】…(3)　【問題 32】…(3)

コーヒーブレイク

時間について

　消防設備士試験を受験される方のなかには「仕事（あるいは学校の勉強）が忙しくてなかなか受験のための時間が取れない」という方も少なからずおられることと思います。しかし，逆に時間が十分あればそれに見合っただけの受験勉強が果してできるでしょうか？

　年齢などによっても異なりますが，集中力というものは（それが非常にあるという人は別にして）普通は大体，数十分程度しか持続しないものではないでしょうか。

　とすれば，逆にそれを利用する勉強方法があってもいいはずです。

　そこで登場するのが「細切れ時間」の有効活用です。

　細切れ時間というのは，通勤電車に乗っている時の時間や昼休みのほんのわずかな時間，あるいは駅から自宅へ帰る際に公園のベンチに座って本を広げる10分程度の時間など，わずかな「すきま時間」のことをいいます。

　これらを有効に活用すると，結構な成果が得られる可能性があるのです。

　事実，通勤電車に乗っている時間を主に利用して，国家試験の中でも"超"難関といわれる試験に合格された例もあるのです。

　人によってはこちらの「細切れ時間」の方が返って集中でき，効率がよいという方もおられるくらいです。

　従って，「なかなか時間が取れなくて……」という方も一度，自分の「すきま時間」を再確認してそれを有効に活用してみる，ということにトライされてみてはいかがでしょうか？

第3編

電気に関する基礎知識

（1，2，3，4，7類のみで，電動機は1，2，3類のみ）

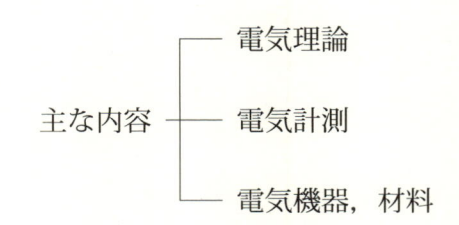

主な内容 ─┬─ 電気理論
　　　　　├─ 電気計測
　　　　　└─ 電気機器，材料

第1章　電気理論

学習のポイント

1. オームの法則（P 163）
　　電流や電圧を求める回路計算がよく出題されています。

2. 抵抗またはコンデンサーの合成問題（P 166）：
　　毎回のように出題されており，また，**ブリッジ回路の未知抵抗を求める問題**や**抵抗率の式**も重要ポイントです。
　なお，最近の傾向として，非常に複雑な抵抗接続の問題が出題されることがありますが，単純な接続に分解することができるのが一般的なので，そのあたりのテクニックも必要になります。

3. 磁気（P 175）
　フレミングの法則（特に**左手**）が頻繁に出題されているので，その内容を確実に把握しておく必要があります。

4. 交流（P 178）
　実効値，**平均値**，**最大値**の相互関係がよく出題されており，また，コイル，コンデンサー回路の電圧と電流の**位相関係**も頻繁に出題されているので，こちらも注意が必要です。

1 電気の単位

電気に関する主な単位は次のとおりです（〔　〕内はその記号です）。

表 3-1

単位	単位の内容
アンペア　〔A〕	電流の単位
ボルト　〔V〕	電圧の単位
ワット　〔W〕	電力の単位
ジュール　〔J〕	仕事量の単位で，抵抗に電流が流れた時に発生する熱量をあらわします。
オーム　〔Ω〕	電気抵抗の単位
ファラド　〔F〕	コンデンサーの静電容量の単位。 これの小単位である1マイクロファラド〔μF〕は1Fの100万分の1，すなわち10^{-6}〔F〕のことです。 $1 \, 〔\mu F〕 = \dfrac{1}{10^6} 〔F〕$ 　　　　　$= 10^{-6} 〔F〕$ 普通はこちらの小単位〔μF〕の方を用います。
ヘルツ　〔Hz〕	周波数の単位
ヘンリー　〔H〕	コイルのインダクタンスの単位

2 オームの法則

抵抗 R に電圧 V を加えた場合，流れた電流を I とすると，

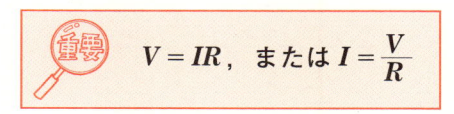

$$V = IR, \quad または \quad I = \frac{V}{R}$$

の関係が成り立ちます。

すなわち，**抵抗に流れる電流はその電圧に比例します**。
これを**オームの法則**と言います。

こうして覚えよう！　＜オームの法則＞

オームに　愛　は　要ら　ない　　$I = \dfrac{E}{R}$
　　　　　I　　E　R

（注：電圧は E で表しています）

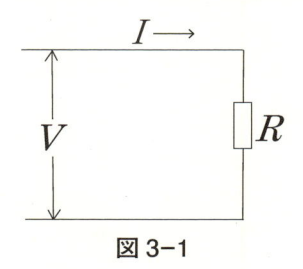

図 3-1

これは水の流れに例えるとわかりやすいと思います。つまり，電流を水流，電圧を水圧に置き換えてみるのです。

今，ホースの中を水が流れているとした場合，大きな水圧をかければそれに比例して水流も大きくなります。すなわち，水流は水圧に比例します（⇒ **電流は電圧に比例**）。

しかし，ホース内に汚れが付着して抵抗が大きくなると水流は減少します。すなわち，水流は抵抗の大きさに反比例する（**電流は抵抗に反比例する**），というわけです。

3 静電気

(1) 電荷について

　物体には，もともとプラスとマイナスの電気が有るのですが，何らかの原因でそのバランスがくずれると，プラスまたはマイナスの過剰分だけ電気を帯びます。これを**帯電**といい，その物体を**帯電体**といいます。
　その帯電体の有する**電気量**を**電荷**といい，記号 Q で表します。単位は〔C（クーロン）〕です。その電気量 Q は，電流 I〔A〕と時間 t〔S〕の積で求められます。

$$Q〔C〕= I〔A〕× t〔s〕$$

(2) 静電気に関するクーロンの法則

　次ページの図のように，q_1, q_2〔C〕という二つの点電荷が距離 r〔m〕離れてあるとすると，両者には F〔N〕（ニュートン）という**クーロン力**（静電力または静電気力ともいう）が働き，その大きさは次式で表されます（注：q は Q の小文字です）。

$$F = K \frac{q_1 \times q_2}{r^2}〔N〕（K は比例定数で，9 \times 10^9）$$

　すなわち，2つの点電荷に働く静電力は，**両電荷の積に比例**し，**電荷間の距離の2乗に反比例**します。
　これを**クーロンの法則**といい，電荷が同種の場合（たとえば，q_1, q_2 とも正の電気を帯びた帯電体か，または両者とも負の電気を帯びた帯電体の場合），F は反発力となり，異種の場合は吸引力となります。
　また，その力の働く方向は二つの電荷を結ぶ直線上にあります。

第1章　電気理論

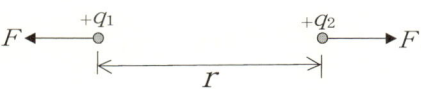

(a)電荷が同種の場合
（反発力）

(b)電荷が異種の場合
（吸引力）

図3-2　クーロン力

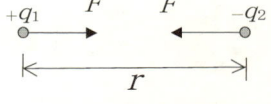

(3) 電気力線

(2)のように，静電力（クーロン力）を受ける空間を**電界**または**電場**といい，その電気力が作用する状態を表した仮想的な線を**電気力線**といいます。

① 電気力線は，正の電荷から出て，負の電荷へ入る。
② 電気力線は導体の表面に**垂直**に出入りし，**導体内部には存在しない**。
③ 任意の点における**電界の方向**は，その点の**電気力線の接線**と一致する。
④ 任意の点における**電気力線の密度**は，その点の**電界の大きさ**を表す。

4 抵抗とコンデンサーの接続

(1) 抵抗の接続

1. 直列接続

抵抗を図のように直列に接続した場合，その合成抵抗（R）はそれぞれの抵抗値をそのまま足した値となります。

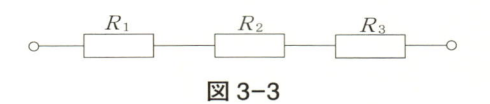

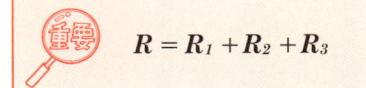

図 3-3

$$R = R_1 + R_2 + R_3$$

2. 並列接続

抵抗を並列に接続した場合は，それぞれの抵抗値の逆数をとってその和を求め，さらにその逆数をとったものが合成抵抗（R）となります。

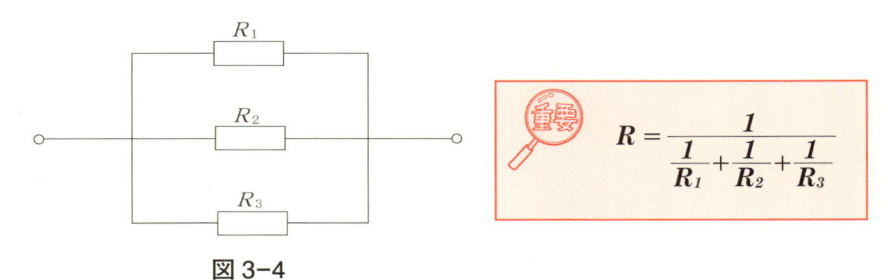

図 3-4

$$R = \frac{1}{\frac{1}{R_1} + \frac{1}{R_2} + \frac{1}{R_3}}$$

たとえば，$R_1 = 1\,[\Omega]$
$R_2 = 2\,[\Omega]$
$R_3 = 3\,[\Omega]$

とした場合，合成抵抗 R は，まず上式の分母の値，すなわちそれぞれの抵抗値の逆数の和を求めます。

$$\frac{1}{1} + \frac{1}{2} + \frac{1}{3} = \frac{6}{6} + \frac{3}{6} + \frac{2}{6} = \frac{11}{6}$$

合成抵抗 R はこれの更に逆数なので，

第 1 章　電気理論

$R = \dfrac{6}{11}$〔Ω〕　　となります。

　すなわち，R_1 から R_3 のどの抵抗値よりも小さな値となります。このように，<u>抵抗を並列に接続すると，その合成抵抗は個々の抵抗値よりも小さくなります。</u>

　なお，抵抗の数が図のように 2 個の場合は，次の式のようになります。

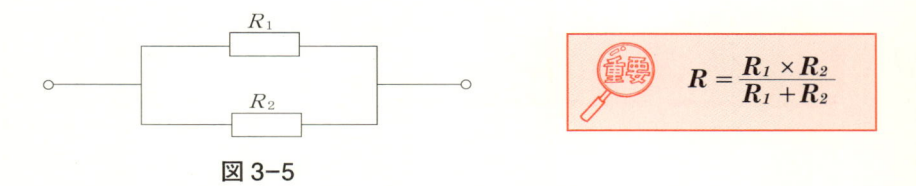

図 3-5

$$R = \dfrac{R_1 \times R_2}{R_1 + R_2}$$

　これは，| 2. 並列接続 | の式から導かれる式で，
たとえば，$R_1 = 1$〔Ω〕，$R_2 = 2$〔Ω〕なら

$R = \dfrac{1 \times 2}{1 + 2} = \dfrac{2}{3}$〔Ω〕　となります。

3. 直並列接続

　図 3-6 のような場合は，まず R_1，R_2 の並列接続の合成抵抗を求め，それと直列接続の抵抗値 R_3 を足します。

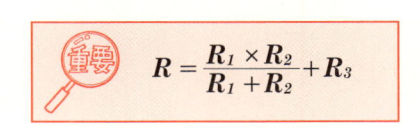

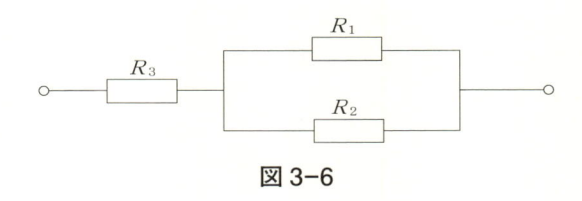

$$R = \dfrac{R_1 \times R_2}{R_1 + R_2} + R_3$$

図 3-6

4. ブリッジ回路

抵抗を図3-7のように接続した回路をブリッジ回路といい，ab間に検流計（G）を接続した場合に電流が流れない状態，すなわちabの電位が同じ状態を「平衡」といい，次の条件の時に成り立ちます。

$$P \times R = X \times Q$$

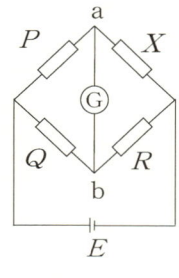

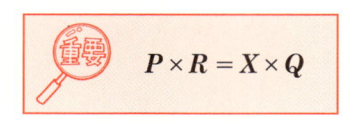

図3-7

① ブリッジ回路が平衡状態にある場合において，どれか一つの抵抗，たとえばXの値が未知の場合は
$$X = \frac{R \times Q}{P}$$ として求めることができます。

② ブリッジ回路が平衡状態であるなら，仮に検流計（G）の代わりに抵抗（Zとする）が接続されていても，その部分には電流が流れないので，合成抵抗Rはその抵抗Zを無視して，次のように，$[P+X]$と$[Q+R]$の並列合成抵抗として求めることができます。

$$R = \frac{[P+X] \times [Q+R]}{[P+X] + [Q+R]} \ [\Omega]$$

本試験では，このような抵抗接続の問題が出題されることがあるので，まずは，$P \times R = X \times Q$になっているかを確かめれば，合成抵抗は容易に求めることができます。

(2) コンデンサー

1. コンデンサー

コンデンサーとは，わかりやすく言えば電気を貯蔵するタンクのようなもので，2枚の金属板（**極板**という）を近づけて直流電圧を加えると，一方の金属板にはプラス，もう一方の金属板にはマイナスの電荷が蓄えられます。

その金属板（極板）に電荷が蓄えられる間だけは電流が流れ，やがて電荷が満杯状態，すなわち，フル充電されると電流は流れなくなります。

このように，コンデンサーに直流電圧を加えると，電流は時間とともに減少していきます。

> ちなみにコイルについては，直流電圧を加えると，P176, (3) でも触れているレンツの法則より，電圧を加えた瞬間はコイルに生じる逆起電力のため電流が流れず，やがて，時間が経つにつれて電流が増加していきます。

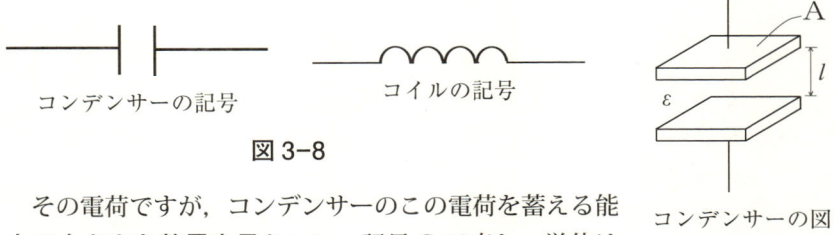

コンデンサーの記号　　コイルの記号

図 3-8

コンデンサーの図

図 3-9

その電荷ですが，コンデンサーのこの電荷を蓄える能力の大きさを**静電容量**といい，記号 C で表し，単位はファラド〔F〕またはマイクロファラド〔μF〕を用います（⇒P 162 の単位の表 3-1 参照）。

その静電容量については，次式より求めることができます（図 3-9 参照）。

$$C = \varepsilon \frac{A}{l}$$

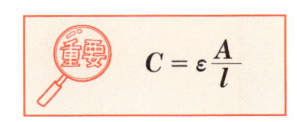

すなわち，静電容量は極板間の距離 l に反比例し，極板の面積 A に比例します。

ここで、ε は＊**誘電率**といい、極板間に入れる物質それぞれが持つ固有の値で、上式からもわかるように、この値が大きいほど静電容量も大きくなります。

一方、そのコンデンサーの極板間に加わる電圧を V とすると、コンデンサーに蓄えられる**電気量** Q は、次式より求めることができます。

$$Q = C \times V \; [C]$$

また、コンデンサーに蓄えられる電気エネルギー W は、次式より求めることができます。

$$W = \frac{1}{2} Q \times V \; [J]$$

($Q = CV$ なので代入して、$W = \frac{1}{2}CV^2$ とも表せる)

＊**誘電率**
⇒ たとえばプラスに帯電した物体（帯電体）を絶縁体（電気を通しにくい物体）に近づけると、帯電体に近い側にマイナス、反対側にはプラスの電荷が現れます。
　このような物質を**誘電体**といい、プラスやマイナスの電荷が現れる度合いの大きさを**誘電率**（ε：イプシロンで表す）といいます。

2. コンデンサーの接続

コンデンサーを直列や並列に接続すると，単独の場合に比べて静電容量が増減します（直列にすると減り，並列にすると増える）。

その計算方法は，抵抗の場合とは逆になり，直列の場合は抵抗の並列と同じ計算をし，並列の場合は抵抗の直列と同じ計算をします。

① 直列接続

合成静電容量（C）は次のようになります。

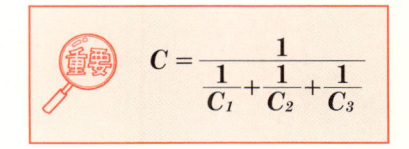

図 3-10

$$C = \dfrac{1}{\dfrac{1}{C_1}+\dfrac{1}{C_2}+\dfrac{1}{C_3}}$$

計算方法は抵抗の場合と全く同じで，$C_1 \sim C_3$ に静電容量の数値〔μF〕をそのまま入れればよいだけです。

なお，2個だけの直列の場合は2個だけの抵抗の並列の場合と同じ計算方法になります。

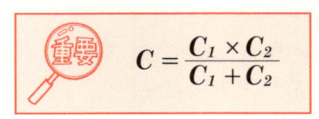

図 3-11

$$C = \dfrac{C_1 \times C_2}{C_1 + C_2}$$

② 並列接続

抵抗の直列接続と同じで，数値をそのまま足せばよいだけです。

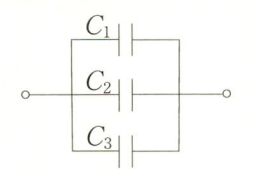

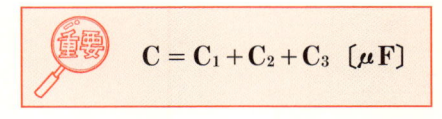

図 3-12

$$C = C_1 + C_2 + C_3 \ 〔\mu F〕$$

5 キルヒホッフの法則

(1) キルヒホッフの第1法則

図のO点に流入する電流をI_1, I_2とし，O点から流出する電流をI_3, I_4とすると，次の式が成り立ちます。

$$I_1 + I_2 = I_3 + I_4$$

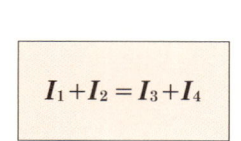

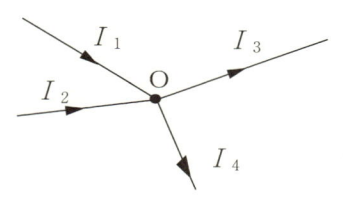

図3-13

これを**キルヒホッフの第1法則**といいます。
（⇒「回路網中の接続点に流れ込む電流」＝「接続点から流れ出る電流」）

(2) キルヒホッフの第2法則

図のような回路においては，電流の流れが複雑で，簡単にそれぞれの部分を流れる電流値が求められません。

そのような場合，図のように仮に電流をI_1, I_2, I_3と定め，電流が流れる方向も図のように定めて，閉回路を任意の方向に1周させます。

この場合，「閉回路の起電力の総和」＝「閉回路中の電圧降下」となり，その方程式より各電流値を求めることができます。

なお，1周する方向と逆向きの電圧降下や起電力はマイナスとします。

①のルート　$E_1 - E_2 = I_1 R_1 + I_3 R_2$
②のルート　$E_2 - E_3 = -I_3 R_2 - I_2 R_3$
③のルート　$E_1 - E_3 = I_1 R_1 - I_2 R_3$

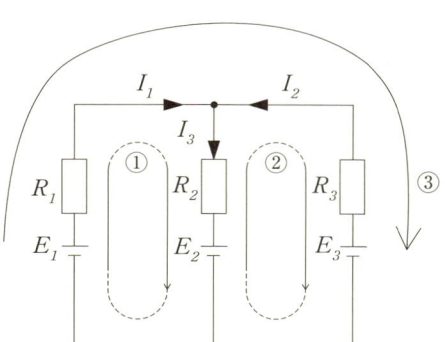

図3-14

6 電力と熱量

(1) 電力

　モーターに電流を流せば，外に対して仕事をします。その際，電流が**単位時間にする仕事量**のことを**電力**（P）といい，電流（I）と電圧（V）の積で表されます。すなわち，

$$P = IV \quad [W]$$

となり，単位は〔W〕（ワット）で表します。
　また，電圧（V）は電流（I）と抵抗（R）の積でもあるので（$V=IR$），上式に代入すると
　　$P = IV = I(IR)$
　　　$= I^2R$ 〔W〕
ともなります。

　一方，P〔W〕がt秒間にする仕事を**電力量**といい，W〔W·s〕（ワットセカンド）や〔W·h〕（ワットアワー）という単位で表します。
　すなわち，

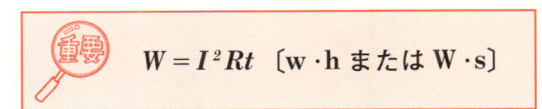

$$W = I^2Rt \quad [\text{W·h または W·s}]$$

となります。
　なお，$P=IV$において，$I=\dfrac{V}{R}$を代入すると，$P=IV=\dfrac{V}{R}\times V=\dfrac{V^2}{R}$となり，抵抗と電圧から電力を求めることもできます。

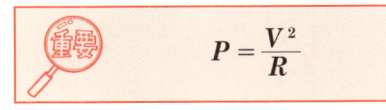

$$P = \dfrac{V^2}{R}$$

(2) 熱量

電熱器のニクロム線のように，抵抗のある電線に電流を流すと熱を発生します。これをジュール熱〔単位：J（ジュール）〕といい，抵抗 R に電圧 V を加え，電流 I が t 秒間流れた時に発生する熱量 H は，次式で表されます。

$$H = I^2 R t \ \text{〔J〕}$$

すなわち，電力量の式と同じになりますが，これをジュールの法則といい，発生した熱量 H をジュール熱といいます。

熱量はcal（カロリー）で表す場合もあるので，その場合は，1J＝0.24 cal として換算します。

第 1 章　電気理論

7 磁気

(1) 磁気用語について

まず，次の用語について理解しておいてください。

磁力線	磁石の N 極から S 極に向かって通っていると仮想した磁気的な線。
磁束	磁力線の一定量を束ねたもので，単位は **Wb**（ウェーバ）を用い，磁束 1 本が 1 Wb です。
磁界	磁気的な力が作用する空間（場所）のこと。
磁化	金属の針を磁石でこすると，それ自体が磁石の性質を持つように，物質が磁気的性質を持つことをいいます。

(2) アンペアの右ねじの法則

電線に電流を流した場合，その周囲には磁界が発生します。

その発生する方向は，同じ方向にねじを進めた場合のねじの回る方向と同じで，これを**アンペアの右ねじの法則**といいます。

その磁界の大きさ H は次式で表されます。

$$H = K \frac{I}{2\pi r}$$

すなわち，電線からの距離 r に反比例し電流 I に比例します。

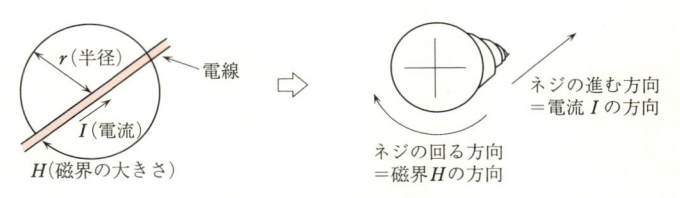

図 3-15　右ねじの法則

(3) 電磁誘導

図3-16のように，コイルの中やその直近に磁石を置き，それを動かすと，回路内に電源が無いにも関わらず，検流計の針が振れます。

これは，コイル内を貫通する磁束が変化することによって，コイル内に起電力 e が発生（誘導）したためであり，これをファラデーの電磁誘導の法則といいます。

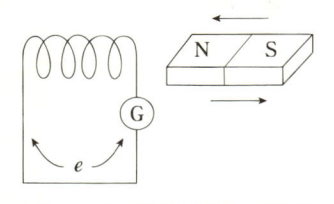

図3-16 電磁誘導の法則

① 磁石を速く動かすほど発生する起電力も大きくなります。

つまり，起電力の大きさは**磁束の変化する速さ（割合）に比例**します。

② 磁石を入れるときと出すときとでは，検流計の指針の振れる方向は逆になります。

これは，誘導起電力の向きが逆になったからであり，その方向はコイル内の磁束の変化を妨げる方向に生じます。

つまり，コイルに磁石を近づけるとコイル内の磁束は増えますが，このときの誘導起電力 e は，この磁束の増加を妨げる方向，すなわち，この磁束とは反対向きの磁束を発生させる方向に起電力 e が生じます。

これを**レンツの法則**といいます。

(4) フレミングの法則

1. フレミングの左手の法則

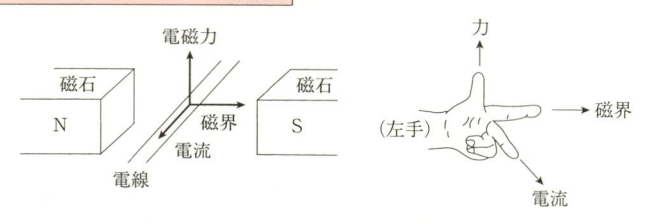

図3-17 フレミングの左手の法則

図のように，磁界内で電線に電流を流すと，電線には磁界と直角な方向（図では上向き）に力が発生します。これを**電磁力**といい，その「力」と「磁界」，および「電流」の方向は図のように**左手の親指，人差し指，中指**をそれぞれ直角に開いた時の方向になります。これを**フレミングの左手の法則**といいます。

第1章　電気理論

2. フレミングの右手の法則

図3-17の電線に電流を流さない状態で磁界と直角な方向（図では上または下方向）に動かすと，電線内には起電力が生じ電流が流れます。

その「運動方向」と「磁界」，および「電流」の方向は図のように**右手の親指，人差し指，中指**をそれぞれ直角に開いた時の方向になります。

これを**フレミングの右手の法則**といいます。

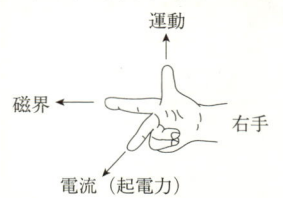

図3-18　フレミングの右手の法則

すなわち，左手の法則が「電流を流すと力が働く」という現象に対して右手の法則は，「動かすと起電力が生じる」という現象になります。

```
左手の法則　⇒　電流を流すと力が働く現象
右手の法則　⇒　動かすと起電力が生じる現象
```

こうして覚えよう！　＜フレミングの法則＞

運動の「う」，磁界の「じ」，電流の「でん」から「うじでん」と覚えます（実際には存在しませんが，京都の宇治にある電力会社「宇治電」とでも理解しておけば，より頭に残りやすいと思います）。

これは左手の法則の場合にもそのまま使えます。その場合，「運動」を「力」と置き換えます。（「う」→「力」）。

う・じ・でん
運動　磁界　電流

左手の法則の場合は？

「運動」を「力」に置き換えればいいんだよ

フレミングの法則 ＝ うじでん

8 交流

(1) 交流について

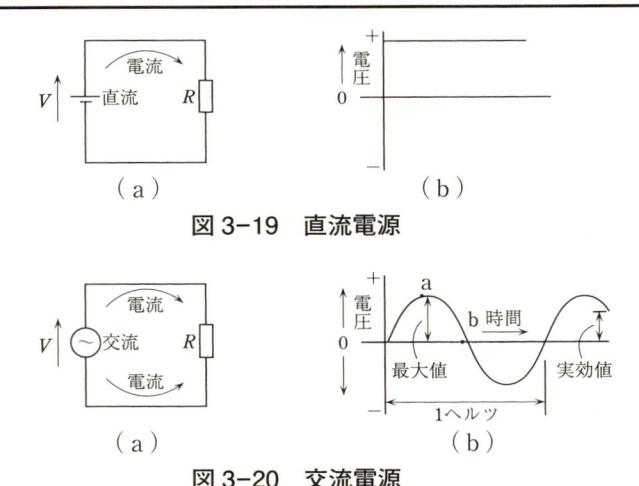

図3-19 直流電源

図3-20 交流電源

　たとえば，図3-19のような抵抗負荷に直流電源を接続した場合，電圧の大きさおよび方向は同図（b）のように変化せずに一定です。

　しかし，図3-20のように交流電源を接続した場合は，時間の経過とともに大きさが図（b）のように正弦波状に変化し，また方向も逆転します。

　これは，フレミングの右手の法則でも説明しましたように，発電機は電線（コイル）を磁界中で回転させて，その誘導起電力を取り出しますが，コイルが真上のときと，それより180度回転した真下のときとでは，電線に発生する誘導起電力の方向が逆になるからです。

　従って，図3-20の（b）でたとえると，0から上の「＋」部分を（a）図の右回りの方向だとしたら，0から下の「－」部分は左回りの方向ということになります（家庭用の交流もある区間を行ったり来たりしている）。

(2) 交流の表し方

　さて，図3-20（b）の1ヘルツ〔Hz〕と表示してある時間を1周期といい，それが1秒間に何回あるか，すなわち「山」と「谷」のセットが1秒間

第 1 章　電気理論

に何回出現するかを**周波数**（f）といい，単位は〔Hz〕で表します。

（⇒ 50〔Hz〕や 60〔Hz〕というのは，発電所と家庭を 50 回あるいは 60 回行ったり来たりしているということになります。）

また，ある瞬間の電圧の値を**瞬時値**といい，それが最大の時の値を**最大値**，それを直流に置き換えた場合の値を**実効値**といい，それぞれの関係は次のようになっています。

> 最大値 $= \sqrt{2} \times$ 実効値　　平均値 $= \dfrac{2}{\pi} \times$ 最大値

(3) 弧度法と位相

1. 弧度法

半径 $r = 1$ とする円を考えた場合，円周は，$2\pi r = 2\pi$ となります。

この場合，1 周の角度は **360 度**になります。

次に，円の半周を考えた場合，$2\pi \div 2 = \pi$ となり，角度は **180 度**になります。

つまり，円周の長さ（弧）とそれに対応する角度は比例していることになります。

このように，半径 1 の円を考え，その円周の長さから角度を表す方法を**弧度法**といい，単位は〔**rad**（ラジアン）〕を用います。

360 度：	2π 〔rad〕
180 度：	π 〔rad〕
90 度：	$\dfrac{\pi}{2}$ 〔rad〕

2. 位相

まず，次ページの図 3-22 や図 3-23 を見てください。電圧の山と電流の山がずれているのがわかると思います。このずれを**位相**といいます。

図 3-20 のような抵抗だけの回路の場合は，電流は電圧と同時に変化します（図 3-21）。

このことを「電流は電圧と位相が同じである」または「電流と電圧は同相である」といいます。

しかし、コイルやコンデンサーを接続した場合は、電圧と電流は同じタイミングでプラスやマイナスになりません。すなわち、電圧と電流の位相は異なります。

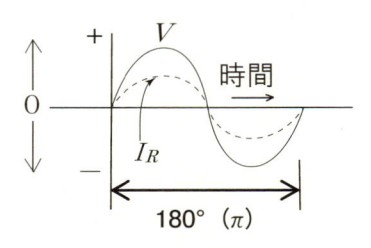

図 3-21　抵抗回路

(4) 交流回路

1. コイルのみの回路

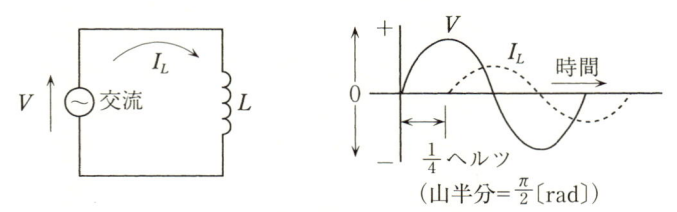

図 3-22　コイルのみの回路

コイルの場合、レンツの法則（P 176 の(3)）より、電流が流れるのを妨げようとする働きがあるため、電圧をかけてもすぐに電流が流れません。そのため、電流（I_L）は、電圧（e）より$\frac{1}{4}$ヘルツ、すなわち**90度**（正弦波の山一つが180度なので、90度は山半分＝$\frac{\pi}{2}$〔rad〕）**遅れて**変化します。

この場合、コイルが交流に対して示す抵抗を**誘導リアクタンス**（＝X_L）といい、周波数をf、コイルのインダクタンス（そのコイル固有の抵抗を表す係数）をLとすると、X_Lは次のようになります。

$$X_L = 2\pi f L \ 〔\Omega〕$$

第1章 電気理論

また，電流 I_L は
$$I_L = \frac{V}{X_L} = \frac{V}{2\pi fL}$$ となります（I_L と f は反比例）。

2. コンデンサーのみの回路

コンデンサーの場合，コイルとは逆に電流（ic）は，電圧（e）より $\frac{1}{4}$ ヘルツ，すなわち90度 $\left(\frac{\pi}{2}\,[\mathrm{rad}]\right)$ **進んで**変化します。

この場合，コンデンサーが交流に対して示す抵抗を**容量リアクタンス**（$= Xc$）といい，次式で表されます。

$$Xc = \frac{1}{2\pi fC}\,[\Omega]$$

また，電流（Ic）は，
$$Ic = \frac{v}{Xc} = 2\pi fcv$$ となります（Ic と f は比例）。

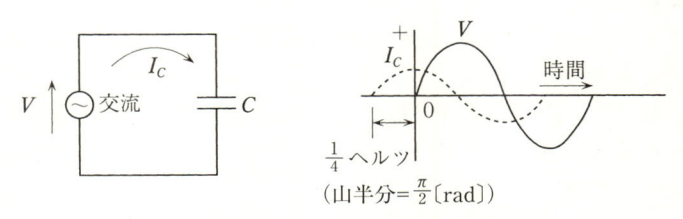

図 3-23 コンデンサーのみの回路

3. R−L−C 回路

交流回路において，電流の流れを妨げる交流抵抗をインピーダンス（Z）といい，抵抗と誘導リアクタンス X_L および容量リアクタンス X_C が混在している図のような直列回路の場合，次のようにしてインピーダンスを求めます。

$$Z = \sqrt{R^2 + (X_L - X_C)^2}\,[\Omega]$$

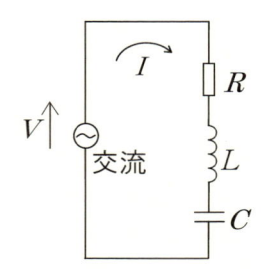

図 3-24　$R-L-C$ 回路

よって，そこに流れる電流は，$Iz = \dfrac{V}{Z}$ となります。

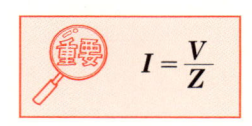

$$I = \dfrac{V}{Z}$$

この場合，たとえば $R-L$ のみの回路であるなら，上式の Z の式の X_C を 0 にすればよく，また $L-C$ のみの回路であるなら $R=0$ として Z を求めればよいのです。

なお，1，2 の X_L，X_C の式を見てもわかるように，両者は周波数 f によって変化します。従って，当然，インピーダンス Z も周波数 f によって変化するので，注意してください。

インピーダンスは周波数によって変化をする。

＜例題＞

Z の式より $R-L$ 回路のインピーダンス Z を求めてみよう。

⇒　R と X_L のみの回路なので，容量リアクタンス $X_C = 0$ とおきます。
$Z = \sqrt{R^2 + (X_L - 0)^2}$
　$= \sqrt{R^2 + X_L^2}$ となります。

第1章 電気理論

参考 $R-L-C$ 回路が並列の場合

$R-L-C$ 回路が並列の場合は，直流のときの計算と同様，それぞれの逆数をとりますが，交流の場合は，次のような計算方法となります。

$$Z = \frac{1}{\sqrt{\left(\frac{1}{R}\right)^2 + \left(\frac{1}{X_C} - \frac{1}{X_L}\right)^2}}$$

従って，抵抗とコイルの並列の場合は，上式のコンデンサー分 $(X_C) = 0$ として計算すればよく，抵抗とコンデンサーの場合は，上式のコイル分 $(X_L) = 0$ として計算すればよいことになります。

なお，力率は，次のように直列とは逆になります。

$$\cos\theta = \frac{Z}{R} \quad (\Rightarrow \text{P 185 参照})$$

9 電力と力率

(1) 電力

　直流の電力については，すでに P.173 で説明しましたが，交流の場合も，実効値を用いて，$P = I^2 R$〔W〕あるいは $P = \dfrac{V^2}{R}$〔W〕として求めることができます。

　しかし，「電流と抵抗」や「電圧と抵抗」のみならこれでいいのですが，電流と電圧を掛け合わせて求める場合は，電圧と電流の間にある位相差（θ）を考慮する必要があり，単純に $P = I \times V$ とはできません。

　たとえば，R，L，C 各々単独の交流回路の場合は，下図のようなベクトル図になります。

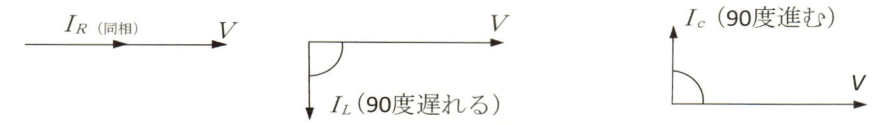

図 3-25　R，L，C 各単独回路のベクトル図

　これが，実際の交流回路では 3 つが合わさり，下図のように，一般的に少し電流が電圧より遅れたベクトル図になります。

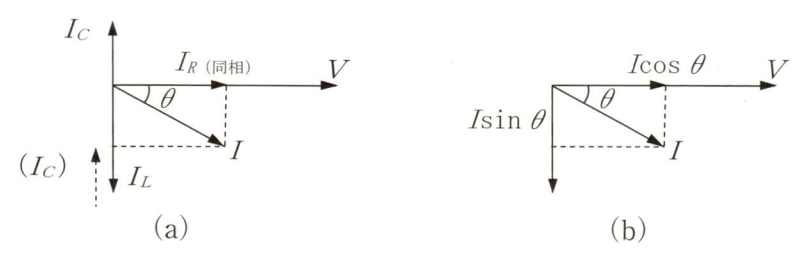

図 3-26　一般的な交流回路

　この位相が少し遅れた電流を，まずは，<u>電圧と同相にする</u>必要があります。そのためには，電流を「電圧と同相分」と「90 度遅れた分」とに分けます（⇒図 (b)）。この同相分（$I \cos \theta$）を「有効電流」，90 度遅れた分

第 1 章　電気理論

($I \sin \theta$) を「**無効電流**」といい，同相分の有効電流と電圧を掛けて初めて電力（**有効電力**（P））を求めることができます。

なお，無効電流（図の $I_L - I_C$）による電力を**無効電力**（Q）といい，また，直流のように，単に電圧の実効値と電流の実効値を掛けただけの電力を**皮相電力**（S）といい，それぞれの電力は，次式で表されます。

> $P = VI \cos \theta$ → 実際に仕事を行う有効な電力
> $Q = VI \sin \theta$ → 仕事をしない無効な電力
> $S = VI$ → 単に電圧と電流を掛けただけの見掛けの電力
> ∴ $S = P^2 + Q^2$

(2) 力率

上記の有効電力 P と皮相電力 S の比 $\left(\dfrac{P}{S}\right)$，すなわち $\cos \theta$ を**力率**といい，インピーダンス Z と抵抗 R を用いて，下記のように $\dfrac{R}{Z}$ としても求めることができます。

> 力率 $(\cos \theta) = \dfrac{P}{S} = \dfrac{R}{Z}$

$R-L-C$ 回路のベクトル計算

図3-24（P 182）のような $R-L-C$ 直列回路の場合は，R，L，C に共通に流れている電流を基準にとってベクトル図を作ります。

その電流によるそれぞれの電圧降下を V_R，V_L，V_C とすると，電流に対してのそれぞれの位相関係を，電流を基準にして図（a）のようにとります。

これから，V_R，V_L，V_C から電源電圧 E を次のように求めることができます。

$$E = \sqrt{(V_R)^2 + (V_L - V_C)^2}$$

なお，並列接続の場合は，電圧が共通になるので，図（b）のように電圧を共通軸にとり，

$$I = \sqrt{(I_R)^2 + (I_L - I_C)^2}$$

として計算します。

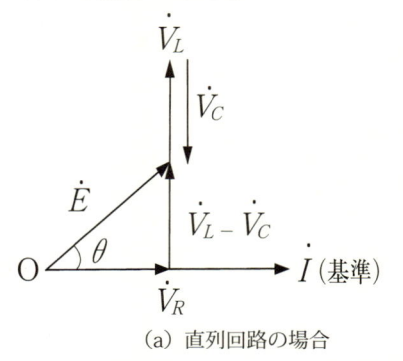

(a) 直列回路の場合 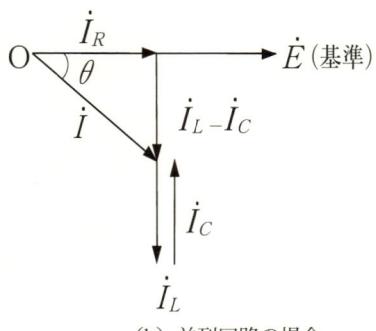　　(b) 並列回路の場合

第2章　電気計測

この電気計測の分野は，ほぼ毎回1問出題されています。

1. 計器の分類と構造（P 188）

計器の**構造**に関する文章問題や，ある機能を持つ計器を指摘する問題などが出題されています。

また，**直流用**か**交流用**か，あるいは**交直両用**かがよく出題されているので，確実に把握しておくとともに，**記号問題**もよく出題されているので，確実に暗記する必要があります。

2. 測定範囲の拡大（P 191）

分流器や**倍率器**の名称を答えるだけの問題や倍率から分流器や倍率器の**抵抗値**まで求める問題まで出題されています。

1 指示電気計器の分類と構造

指示電気計器とは，電圧や電流および電力等の値を指針などにより指示する計器です。

1. 指示電気計器の分類

表3-2 指示電気計器の分類（記号はぜひ覚えておこう！）

	種類	記号	動作原理
直流回路用	可動コイル形	 ∩	磁石と可動コイル間に働く電磁力を利用して測定（次頁の図参照）
交流回路用	誘導形	 ⊙	交番磁束とこれによる誘導電流との電磁力から測定
	整流形	 ▶｜	整流器で直流に変換して測定
	振動片形	 ⋎	交流で振動片を励磁し，その共振作用を利用して測定
	可動鉄片形	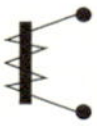 ⫤	固定コイルに電流を流して磁界を作り，その中に可動鉄片を置いたときに働く電磁力で駆動させる
交流直流両用	電流力計形	 ⟊	固定コイルと可動コイル間に働く電磁力を利用
	静電形	⟂	二つの金属板に働く静電力を利用
	熱電形	 ⋅⋏⋅	熱電対に生じた熱起電力を利用して測定

こうして覚えよう！　＜計器の使用回路＞

○交流のみを測定する計器　⇒　交流するのは
　　角のない　整った　親　友　のみ
　　可動鉄片　　整流　　　振動片　誘導形

○直流のみを測定する計器　⇒　可動コイル形
○これら以外が出てきたら　⇒　交直両用

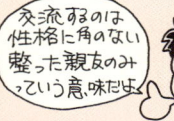

意味は？

交流するのは性格に角のない整った親友のみっていう意味だよ

2. 指示電気計器の構造

指示電気計器の構造は駆動装置，制御装置および制動装置の3要素からなっています。

表 3-3

駆動装置	測定しようとする量に比例する駆動トルクを計器の可動部分に与えて，指針などを作動させる装置。
制御装置	（駆動装置の）駆動力を制御するトルクを与える装置。
制動装置	指示装置（指針）を停止させるための制動力を与える装置。

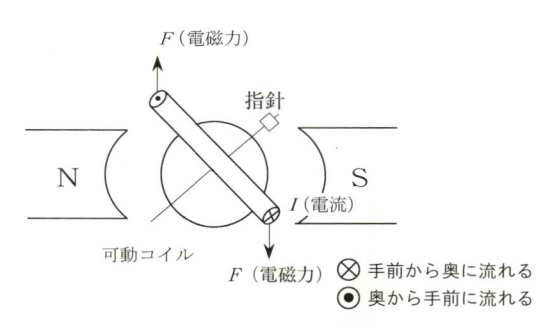

3. 可動コイル形の原理

可動コイル形の原理は，永久磁石による磁界と可動コイルの電流との間に働く電磁石により指針が振られるもので，その指針の振れは電流値に比例します。

図 3-27 可動コイル形の原理

2 測定値と誤差

ある量を測定した場合，その値と真の値との間には一般的に誤差が生じます。

いま測定値を M，真の値を T，誤差を ε_0 とすると，次の関係が成り立ちます。

$$\varepsilon_0 = M - T$$

また，誤差を真の値に正すことを補正といい，それを α_0 とすると次式のようになります。

$$\alpha_0 = T - M \quad (誤差とは逆)$$

３ 抵抗値の測定と測定範囲の拡大

(1) 抵抗値の測定

測定しようとする抵抗値の大きさによって，用いる測定器，および測定法は次のようになります。

表 3-4 抵抗値の測定法

低抵抗の測定 （1Ω 程度以下）	中抵抗の測定 （1Ω～1MΩ 程度）	高抵抗の測定 （1MΩ 程度以上）
電位差計法 ダブルブリッジ法	ホイーストンブリッジ法 回路計（テスタ） 抵抗法	直偏法 メガー（絶縁抵抗計）

（注） 1M（メグ）$\Omega = 1000\text{k}\Omega = 10^6 \Omega$

なお，測定対象により分類すると，次のようになります。

絶縁抵抗の測定	メガー（絶縁抵抗計）
接地抵抗の測定	接地抵抗計（アーステスタ）， コールラウシュブリッジ法

メガー 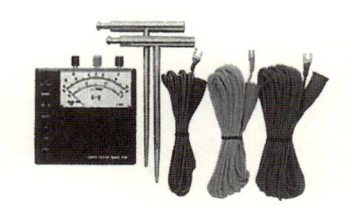　　　　　接地抵抗計

図 3-28

(2) 測定範囲の拡大

電流や電圧などを測定するには，図のように電流計は回路と直列に，電圧計は回路と並列に接続します。

この場合，その最大目盛り以上の値を測定したい場合は，電流計の場合は**分流器**，電圧計の場合は**倍率器**と呼ばれるものを用います。

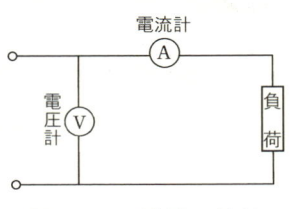

図 3-29　計器の接続

1．分流器

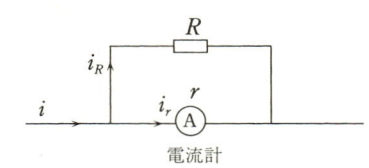

図 3-30　分流器

i：測定電流
i_R：分流器への電流
i_r：電流計の電流
R：分流器の抵抗
r：電流計の内部抵抗

分流器というのは，図 3-30 のように電流計と並列に接続した抵抗 R のことで，測定電流の大部分をこの分流器 R に流すことにより測定範囲の拡大をはかったものです。

図の場合，本来 i_r までしか計測できなかった電流計が i まで計測できるということで，$\dfrac{i}{i_r}$（$= m$ で表します）を**分流器の倍率**といい，次式のようになります。

$$i = i_r + i_R \quad \cdots\cdots(1)$$

一方，$i_r \times r = i_R \times R$ より

$$i_R = \dfrac{i_r \times r}{R} \quad \cdots\cdots(2)$$

(2)式を(1)式に代入すると

$$i = i_r + \dfrac{i_r \times r}{R} = i_r \left(1 + \dfrac{r}{R}\right)$$

よって，$\dfrac{i}{i_r} = 1 + \dfrac{r}{R} = m$

すなわち，電流計の測定範囲の m 倍の電流が測定可能，ということになるわけです。

2. 倍率器

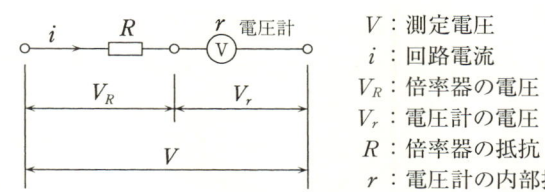

図3-31　倍率器

V：測定電圧
i：回路電流
V_R：倍率器の電圧
V_r：電圧計の電圧
R：倍率器の抵抗
r：電圧計の内部抵抗

倍率器は，図のように電圧計と直列に抵抗（R）を接続して，その測定範囲の拡大をはかったもので，$\dfrac{V}{V_r}$ を**倍率器の倍率**（$= n$ で表す）といいます。

この場合，倍率 n は次のようになります。

$$V = V_r + V_R \quad \cdots\cdots(3)$$

一方，$i = \dfrac{V_R}{R} = \dfrac{V_r}{r}$ より，

$$V_R = \dfrac{V_r}{r} \times R \quad \cdots\cdots(4)$$

(4)式を(3)式に代入すると

$$V = V_r + \dfrac{V_r}{r} \times R$$
$$= V_r \left(1 + \dfrac{R}{r}\right) \quad \cdots\cdots(5)$$

よって，倍率 $\dfrac{V}{V_r}$ は，$\dfrac{V}{V_r} = 1 + \dfrac{R}{r} = n$ となります。

重要

●分流器の倍率　→　$1 + \dfrac{r}{R}$

●倍率器の倍率　→　$1 + \dfrac{R}{r}$

電池の内部抵抗

倍率器に似たものに，電池の内部抵抗に関する問題があります。

たとえば，「図のように内部抵抗がr〔Ω〕の電池にR〔Ω〕の外部抵抗器（負荷抵抗器）を直列に接続した場合，R〔Ω〕の両端の電圧はいくらか」などという問題です。この場合も倍率器と同様，まず回路に流れる電流i〔A〕を求めます。

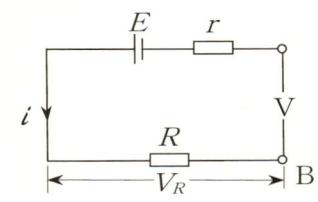

$$i = \frac{E}{r+R}$$

そしてオームの法則より，

$$V_R = i \times R = \frac{E}{r+R} \times R$$

としてV_Rを求めます。

第3章 電気機器，材料

学習のポイント

変圧器や蓄電池などが出題されていますが，変圧器の出題が圧倒的に多い傾向にあります。

1. **変圧器**（P 196）
   変圧比を求めて1次電圧や2次電圧を求める問題が多く出題されています。従って，**巻数比から1次電圧や2次電圧を求める計算法**を完全にマスターしておく必要があり，また，電圧だけではなく，電流を求める出題もあるので，こちらの方も注意が必要です。

2. **電動機**（P 198）
   電動機については，主に1類で出題されており，その他の4類や7類ではほとんど出題されていません。
   また，1類では主に**始動方法**や**回転速度**に関する出題が目立っています。

3. **蓄電池**（P 201）
   蓄電池全般についての知識のほか，**鉛蓄電池**や**アルカリ蓄電池**の**電解液**など，少々細かい知識まで問う出題もあります。

4. **電気材料**（P 203）
   頻繁に出題される分野ではありませんが，たまに，**導電材料**，**絶縁材料**のほか**半導体材料**や**磁気材料**なども出題されているので，おもな材料名などは覚えておいた方がよいでしょう。
   なお，たまに **PNP 半導体**などの難問が出題されることもあるので，注意が必要です。

1 変圧器

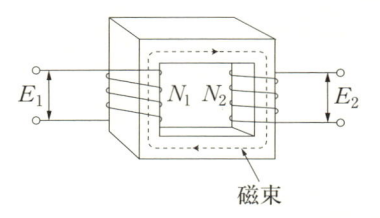

E_1：1次コイルに加える電圧
E_2：2次コイルに誘起される電圧
N_1：1次コイルの巻数
N_2：2次コイルの巻数

磁束

図3-32　変圧器

　変圧器とは，図のように鉄心に二つのコイル（1次コイルと2次コイル）を巻きつけたもので，一方のコイルに交流電圧を加えると，巻数比に応じた電圧を取り出すことができます。

　この巻数比を**変圧比**といい，記号 a で表します。

　その変圧比ですが，1次コイル，2次コイルの巻数をそれぞれ N_1，N_2 とし，1次コイルに加える電圧を V_1，2次コイルに誘起される電圧を V_2，1次，2次電流をそれぞれ I_1，I_2 とすると，変圧比 a は，次のように表すことができます。

$$a = \frac{N_1}{N_2} = \frac{V_1}{V_2} = \frac{I_2}{I_1}$$

　すなわち，**電圧は巻数に比例し**，**電流は反比例する**ことになります。

<例題>

1次巻線が500回巻，2次巻線が1500回巻の変圧器の2次端子に300Vを取り出す場合，1次端子に加える電圧はいくらか。

解説

$a = \dfrac{N_1}{N_2} = \dfrac{V_1}{V_2}$ だから，

$V_1 = \dfrac{N_1 V_2}{N_2} = \dfrac{500}{1500} \times 300$

$= 100$〔V〕となります。

（答）100〔V〕

> 変圧器では，電圧，電流を変化させることはできますが，電力を変化させることはできないので，注意してください。たとえば，1次側に加えた電力より大きな電力を2次側から取り出すことはできず，あくまでも，1次側電力＝2次側電力となります（注：損失を考えない理想変圧器の場合）。

2 電動機

(1) 誘導電動機

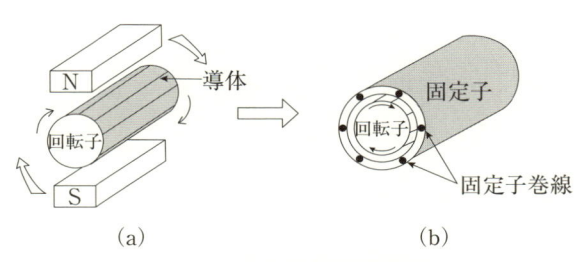

(a) (b)

図3-33 誘導電動機

図(a)のように，モーターの回転部分（回転子という）に導体を埋め込み，そのまわりを磁石が回転すると電磁誘導により，導体に電流が流れます。その電流が，再び磁束を切ることにより，導体には磁石の回転方向と同じ方向にトルクを生じ，回転を始めます。

この場合，図(b)のように磁石の代わりに回転子のまわりに固定子巻線なるものを設け，それに三相交流を流すと同様な回転磁界を生じて回転します。

この回転磁界の1分間の回転速度を同期速度といい，周波数を f，電動機の極数を p とすると，同期速度 N_s は次式のようになります。

$$N_s = \frac{120f}{p} \ [\text{rpm}] \quad (3\text{-}1\text{式})$$

しかし，実際の誘導電動機には，すべり s というものがあり，回転子はこの同期速度より少し遅く回転します。

回転子の実際の回転速度を N とすると，そのすべり s は次式で表されます。

$$s = \frac{N_s - N}{N_s}$$

1. 始動方法

誘導電動機を始動する時に，直接定格電圧を加えると過大な始動電流が流れて，巻線の焼損や配電線の異常な電圧降下などをまねくので，次のような方法により始動電流を制限する必要があります．

- ●全電圧始動：
   じか入れ始動ともいわれ，そのまま全電圧をかけて始動する方法で，小容量機（11 kW 未満の低圧電動機）に用いられます．
- ●Y-Δ 始動（スターデルタ始動）：
   固定子巻線の結線を始動時はY結線，運転時はΔ結線とする方法で，こうすることによって始動電圧を全電圧の $\frac{1}{\sqrt{3}}$ とすることができます（始動電流と始動トルクは $\frac{1}{3}$ になります）．
- ●その他：
   始動電圧を低減させる方法としては，その他始動補償器を用いる方法，始動リアクトルを用いる方法などがあります．

2. 回転方向の逆転

回転方向を逆転させるには，回転磁界を逆に回せばよいので，固定子巻線の三相のうち2線を入れ替えます．

(2) 同期電動機

誘導電動機の回転子の代わりに回転磁極を設けたもので，回転磁極を何らかの方法で回転磁界（固定子巻線によるもの）の速度近くまで回してやれば，互いのNとS，またはSとNが吸引してそのまま同期速度で回転を続けます．

従って，同期電動機の回転速度は回転磁界の同期速度(3-1式)となります．

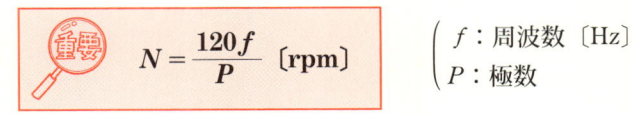

$$N = \frac{120f}{P} \text{ [rpm]} \quad \begin{pmatrix} f：周波数〔Hz〕\\ P：極数 \end{pmatrix}$$

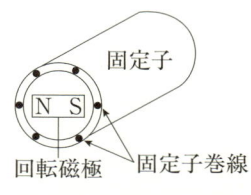

図 3-34　同期電動機

1. 始動方法

●自己始動法：
　始動用に特別に設けた巻線制動巻線を用います。
●始動電動機法：
　始動のための専用の電動機を用いる方法です。
●補償器始動法：
　始動補償器を用いる方法です。

2. 特徴（三相誘導電動機との比較）

　一般に始動トルクが小さく，始動操作もやや面倒ですが，速度が一定で力率も自由に調整できるという利点があります。

3 蓄電池

(1) 蓄電池とは

　電池には，乾電池のように一度放電すれば再使用できない**一次電池**と，車のバッテリーなどのように，充電すれば繰り返し使用できる**二次電池**（**蓄電池**）があります。
　ここでは，蓄電池のうち，車のバッテリーなどに使用されている鉛蓄電池を例にして説明します。

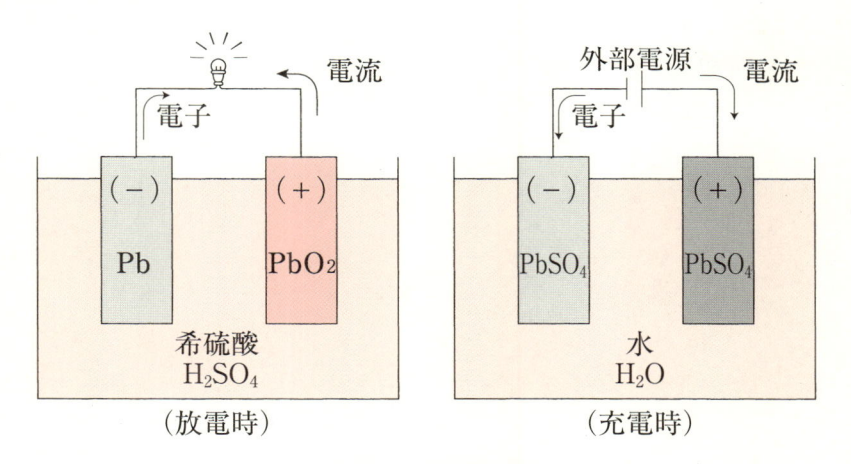

図 3-35　鉛蓄電池の原理

　鉛蓄電池は，図のように電解液として**希硫酸**（H_2SO_4）を用い，正極に**二酸化鉛**（PbO_2），負極に**鉛**（Pb）を用いた二次電池です。
　その両電極を導線で接続すると，電子が Pb から PbO_2 へと移動するので，電流は逆に PbO_2 から Pb に流れ，図のようにランプをつないでいると点灯します（この電子の移動は，極板における化学反応によるものですが，ここでは省略します）。このとき，正極と負極の電位差，つまり，起電力は約 2.1 V となります。
　このように放電していると，当然，起電力は低下してくるので，そこで，外部直流電源のプラス端子を正極に，マイナス端子を負極に接続して起電力を回復させます。

以上の放電時と充電時の全体の反応は，次のようになります。

$$\underset{(正極)}{PbO_2} + \underset{(負極)}{Pb} + \underset{(電解液)}{2H_2SO_4} \underset{充電}{\overset{放電}{\rightleftarrows}} \underset{(正極)}{PbSO_4} + \underset{(負極)}{PbSO_4} + \underset{(電解液)}{2H_2O}$$

(2) サルフェーション現象

　鉛蓄電池を**放電**し切り，そのまま放電状態で放置すると，正極や負極に硫酸鉛の結晶が成長して，性能が著しく悪化し，電池の電気容量が低下して，ついにはバッテリーの寿命が終了してしまいます。このような現象を**サルフェーション現象**といいます。

4 電気材料

(1) 抵抗率と導電率

電気材料を学習する前に，まず，この抵抗率と導電率を把握しておく必要があります。

1. 抵抗率

長さ l〔m〕，断面積 s〔mm²〕の電線の場合，その電気抵抗 R は長さ l と定数 ρ（ロウ）に比例し，その断面積 s に反比例します。式で表すと

$$R = \rho \frac{l}{s} \text{〔Ω〕}$$

となります。

この定数 ρ は**抵抗率**といい，電流の流れにくさを表す定数で，単位は〔Ω・m〕です。

なお，本試験では，断面積 s〔mm²〕ではなく，直径 D〔m〕で出題されることもあります。

その場合は，$s = \dfrac{\pi D^2}{4}$ ※ より，

$$R = \rho \frac{l}{s} = \rho \frac{l}{\frac{\pi D^2}{4}} = \rho \frac{4l}{\pi D^2}$$

※ $s = \pi r^2 = \pi \left(\dfrac{D}{2}\right)^2 = \dfrac{\pi D^2}{4}$

となるので，「**抵抗は直径 D の2乗に反比例する**」ということになります。

2. 導電率

抵抗率の逆数（$1/\rho$）を**導電率**（σ）といい，電気の通しやすさを表し，単位は〔S／m（ジーメンス毎メートル）〕です。

(2) 導体，半導体，絶縁体

導体とは電気の流れやすい物質，すなわち抵抗値の低い物質のことを言い，それを用いた材料を**導電材料**といいます。

一方，電気の流れにくい物質，すなわち抵抗値の高い物質のことを**絶縁体**（または**不導体**）と言い，それを用いた材料を**絶縁材料**といいます。

これに対して，温度の上昇や光の照射などの条件によって抵抗値が変化する物質を**半導体**と言います。

① 導電材料

主な導電材料を導電率の高い順（抵抗率だと低い順）に並べると，次のようになります（出題例があるので覚えておこう！）。

> 銀，銅，アルミニウム，鉄，白金，鉛など

② 絶縁材料

主な絶縁材料は次のとおりです。

> ガラス，マイカ，クラフト紙，雲母，磁器（アルミ磁器など），大理石，木材（乾燥）など

③ 半導体材料

主な半導体材料は次の通りです。

> シリコン，ゲルマニウム，けい素，セレン，亜酸化銅，酸化チタンなど（鑑別で出題例があります。）

第3章 電気機器，材料

こうして覚えよう！

① 導電材料

銀 の ド ア って 白い な
銀　銅　アルミ　鉄　白金　鉛
　　　　ニウム

③ 半導体材料

半導体は，け　　さ　　ゲー　　セン　　に　　あった
　　　　　けい素　酸化　ゲルマ　セレン　　　亜酸化銅
　　　　　　　　チタン　ニウム

問題にチャレンジ！

（第3編　電気に関する基礎知識）

電気理論

<電気の単位　→P.162>

問題 1

次の組み合わせで誤っているものはどれか。
(1) 導線に発生するジュール熱……………ジュール〔J〕
(2) 静電容量の単位……………………ファラド〔F〕
(3) インダクタンスの単位……………ヘルツ〔Hz〕
(4) 電力の単位………………………ワット〔W〕

解説

インダクタンスの単位はヘンリー〔H〕です。

問題 2

抵抗 R に電圧 E を加えた場合に流れる電流を I とすると、オームの法則に該当するものは、次のうちどれか。

(1) $I = E \cdot R$ 　(2) $E = IR$
(3) $E = \dfrac{I}{R}$ 　(4) $I = \dfrac{R}{E}$

解説

オームの法則をことばで表すと「抵抗に流れる電流はその電圧に比例し抵抗に反比例する」となり、これを式で表すと、$I = \dfrac{E}{R}$ で、変形すると $E = IR$ となります。

解答

解答は次ページの下欄にあります。

<静電気 →P.164>

問題 3

静電気に関するクーロンの法則について，次の文章の（　）内に当てはまる語句として，適切なものは次のうちどれか。

「q_1，q_2〔C〕の二つの電荷が距離 r〔m〕離れてある場合，両者に働くクーロン力は，q_1 と q_2 の積に（A）し，距離 r の2乗に（B）する。その場合，両者の電荷が同種の場合は（C）力となり，異種の場合は（D）力となる。」

	(A)	(B)	(C)	(D)
(1)	比例	反比例	反発	吸引
(2)	反比例	比例	反発	吸引
(3)	比例	反比例	吸引	反発
(4)	反比例	比例	吸引	反発

解説

正解は，次のようになります。

「q_1，q_2〔C〕の二つの電荷が距離 r〔m〕離れてある場合，両者に働くクーロン力は，q_1 と q_2 の積に（**比例**）し，距離 r の2乗に（**反比例**）する。その場合，両者の電荷が同種の場合は（**反発**）力となり，異種の場合は（**吸引**）力となる。」

問題 4

真空中に 1×10^{-5} C と 1×10^{-3} C の電荷が 3 m 離れて置かれているとき，両電荷間に働く力として，次のうち正しいものはどれか。

ただし，$\dfrac{1}{4\pi\varepsilon_0}$ は 9×10^9 とする。

(1) 3 N
(2) 5 N
(3) 10 N
(4) 15 N

解　答

【問題 1】…(3)　【問題 2】…(2)

解説

前問より，q_1〔C〕，q_2〔C〕の二つの電荷が距離 r〔m〕離れてある場合，電荷間に働く力（クーロン力という）は，次式で表されます。

$$F = K\frac{q_1 \times q_2}{r^2} \text{〔N〕} \quad \left(K = \frac{1}{4\pi\varepsilon_0} = 9 \times 10^9\right)$$

この式に，$q_1 = 1 \times 10^{-5}$C，$q_2 = 1 \times 10^{-3}$C，$r = 3$，$\frac{1}{4\pi\varepsilon_0} = 9 \times 10^9$ を代入すると，

$$F = 9 \times 10^9 \times \frac{1 \times 10^{-5} \times 1 \times 10^{-3}}{3^2}$$

$$= 9 \times 10^9 \times \frac{10^{-8}}{9}$$

$$= 10\,\text{N} \quad \text{となります。}$$

＜抵抗の接続　⇒P.166＞

問題 5

次図において，AB間の合成抵抗値として正しいものはどれか。

(1)　6.0 Ω
(2)　9.5 Ω
(3)　10.0 Ω
(4)　11.0 Ω

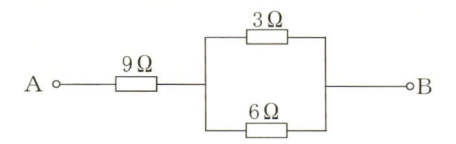

解説

まず，並列回路の方の合成抵抗を求めると

$$\frac{3 \times 6}{3 + 6} = \frac{18}{9} = 2\,\Omega$$

これと 9 Ω の直列となるので，回路の合成抵抗は

$$9 + 2 = 11\,\Omega$$

となります。

解　答

【問題 3】…(1)　【問題 4】…(3)

問題 6

下図の AB 間の合成抵抗値として，次のうち正しいものはどれか。

(1) 1.0 Ω
(2) 2.0 Ω
(3) 4.9 Ω
(4) 5.5 Ω

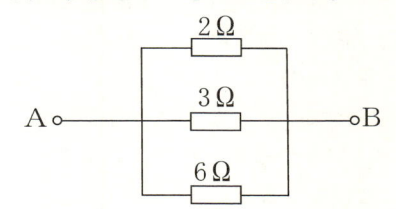

解説

3個以上の並列接続の場合は，次の式で求めます。

① それぞれの抵抗値の逆数を足し，② それを再び逆数にします。
計算すると，

①の計算⇒ $\dfrac{1}{2}+\dfrac{1}{3}+\dfrac{1}{6}$

$= \dfrac{3}{6}+\dfrac{2}{6}+\dfrac{1}{6}=\dfrac{6}{6}$

$= 1$

②の計算⇒ 1の逆数は，$\dfrac{1}{1}=1$

従って，回路の合成抵抗は1Ωとなります。

問題 7

下図の回路において，抵抗 R Ω の値を求めよ。

(1) 1 Ω
(2) 3 Ω
(3) 5 Ω
(4) 7 Ω

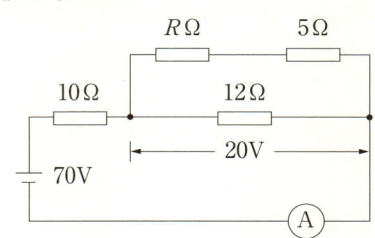

解 答

【問題5】…(4)

解説

まず，回路に流れる全電流を求めれば，回路の合成抵抗が求まります。

合成抵抗が求まれば，それから10Ωを引けばR〜5Ω部分の並列合成抵抗も求まるので，RΩも求めることができます。

というわけで，まずは，回路に流れる全電流を求めます。

12Ωにかかる電圧が20Vなので，10Ωの抵抗には，70−20＝50Vが加わることになります。

従って，オームの法則より回路電流Iは，

$$I = \frac{E}{R} = \frac{50}{10} = 5\,\text{A}$$ となります。

よって，回路の合成抵抗は，$\frac{E}{I} = \frac{70}{5} = 14\,\Omega$ となります。

これより，R〜5Ω部分の並列合成抵抗は，14−10＝4Ωとなるので，

$$4 = \frac{12 \times (R+5)}{12 + (R+5)}$$

$$48 + 4R + 20 = 12 \times (R+5)$$
$$= 12R + 60$$
$$68 - 60 = 8R$$
$$8 = 8R$$
$$\therefore R = 1$$

問題8

図の回路に流れる電流I〔A〕の値で，正しいものは次のうちどれか。

(1) 2〔A〕
(2) 4〔A〕
(3) 6〔A〕
(4) 10〔A〕

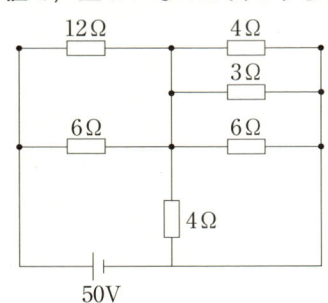

解 答

【問題6】…(1)　【問題7】…(1)

解説

　一見すると，接続が複雑そうに見えますが，並列に接続された抵抗の接続点を 1 つにまとめると，下図のように，二つの並列回路を直列に接続した回路となっています。

　（左は 12Ω と 6Ω の並列に変更。右は 4Ω，3Ω，6Ω，4Ω の並列抵抗）

　従って，まずそれぞれの並列回路の合成抵抗を求め，そのあとに直列の合成抵抗を求めます。

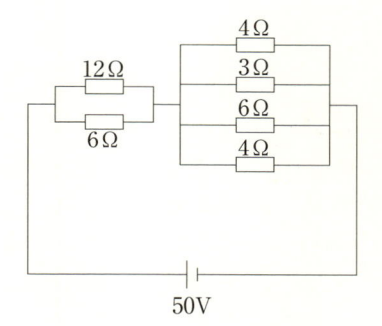

　左の回路の合成抵抗は

$$\frac{12 \times 6}{12+6} = \frac{72}{18}$$

$$= 4\,\Omega$$

　右の回路の合成抵抗は，

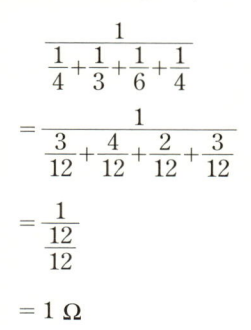

$$\frac{1}{\frac{1}{4}+\frac{1}{3}+\frac{1}{6}+\frac{1}{4}}$$

$$= \frac{1}{\frac{3}{12}+\frac{4}{12}+\frac{2}{12}+\frac{3}{12}}$$

$$= \frac{1}{\frac{12}{12}}$$

$$= 1\,\Omega$$

よって，合成抵抗 = 4 + 1 = 5Ω となるので，電流 $I = \dfrac{V}{R} = \dfrac{50}{5} = 10$ [A] となります。

解答

【問題 8】…(4)

問題 9

下図の回路で消費される全電力として，次のうち正しいものはどれか。

(1) 100 W
(2) 200 W
(3) 300 W
(4) 500 W

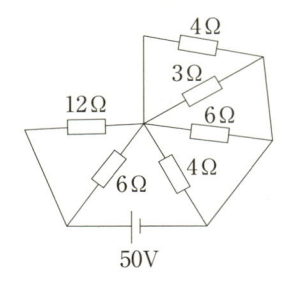

解説

前問同様，一見すると接続が複雑そうに見えますが，よく見ると前問の図の接続方法を変えただけで，左は12Ωと6Ωの並列，右は4Ω，3Ω，6Ω，4Ωの並列接続となっています。

従って，合成抵抗は，前問と同じく5Ωとなるので，全電力は次のようになります。

$$P = I^2 R$$
$$= \frac{V^2}{R}$$
$$= \frac{2500}{5}$$
$$= 500 \text{ W となります。}$$

解 答

解答は次ページの下欄にあります。

問題 10

下図のホイーストンブリッジ回路にスイッチ S を押して電源 E より電流を流したところ，検流計 G に電流は流れなかった。このとき抵抗 X の値として，次のうち正しいものはどれか。

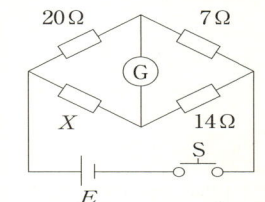

(1)　14 Ω
(2)　20 Ω
(3)　22 Ω
(4)　40 Ω

[解説]

検流計 G に電流は流れなかったので，ブリッジ回路が平衡していることになります。

ブリッジ回路の平衡条件は，相対する抵抗値を掛けた積の値が等しい，ということだから，計算すると，$20 \times 14 = 7 \times X$

従って，$X = \dfrac{280}{7} = 40\ \Omega$ ということになります。

問題 11

図のような回路に直流電源 E を接続したら 20 A の電流が流れた。電源電圧 E の値として，正しいものは次のうちどれか。

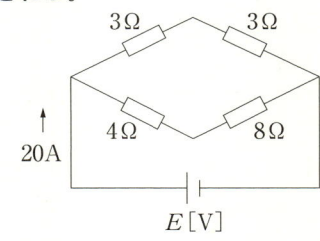

(1)　60 V
(2)　80 V
(3)　120 V
(4)　360 V

[解説]

一見すると，前問と同様の回路に見えますが，検流計部分の配線がないので，単なる並列回路となります。

従って，上の方の直列合成抵抗は 6 Ω，下の方の直列合成抵抗は 12 Ω となるので，回路の合成抵抗は，

解 答

【問題 9】…(4)

$$\frac{6 \times 12}{6+12} = \frac{72}{18}$$
$$= 4\,\Omega \quad \text{となります。}$$

よって，電源電圧 E は，$E = IR$
$$= 20 \times 4$$
$$= 80\,\text{V} \quad \text{となります。}$$

問題 12

図の回路において，端子 A，B 間の電圧 V の値として，正しいものは次のうちどれか。

(1)　12 V
(2)　18 V
(3)　24 V
(4)　36 V

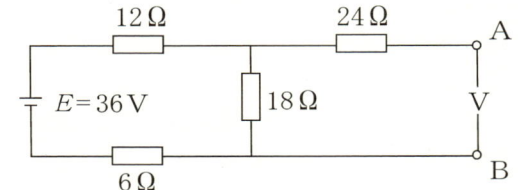

解説

図の AB 端子間の電圧を考える場合，24〔Ω〕の抵抗には電流が流れないので電圧降下は発生せず，18〔Ω〕の端子電圧が AB 間の端子に現れます。

従って，合成抵抗 R が $(6+18+12) = 36\,\Omega$ なので，回路電流 i は，

$$i = \frac{E}{R} = \frac{36}{36} = 1\,\text{〔A〕} \quad \text{となります。}$$

よって，18〔Ω〕の端子電圧は，$1 \times 18 = 18$〔V〕となります。

＜例題＞

【問題 12】の回路において電源電圧 E が未知の場合，AB 間の端子電圧が 90〔V〕ならば，6〔Ω〕の端子電圧はいくらになるか。

解　答

【問題 10】…(4)　【問題 11】…(2)

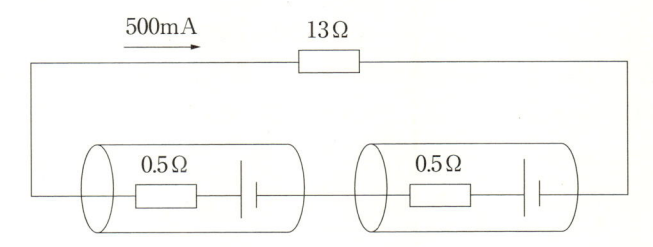

解説

直列接続の場合，抵抗の端子電圧は，各抵抗の比に比例します。

従って，18〔Ω〕の端子電圧が90〔V〕なので，6〔Ω〕の端子電圧 x は，18〔Ω〕⇒90〔V〕，6〔Ω〕⇒ x〔V〕の比例計算より，

$$18 : 90 = 6 : x$$
$$\Rightarrow 90 \times 6 = 18 \times x$$
$$\Rightarrow x = 30 \text{〔V〕 となります。}$$

（答）30〔V〕

問題 13

図のように，起電力が同じで内部抵抗 0.5〔Ω〕の電池を 2 個直列に接続したものに 13〔Ω〕の抵抗を接続した。このとき回線に 500〔mA〕が流れた。各電池の起電力として，正しいものは次のうちどれか。

(1) 1.3 V　　(2) 2.5 V　　(3) 3.5 V　　(4) 6.5 V

解説

電池が 2 個直列に接続されているので，起電力を仮に x とすると，回路全体では $2x$ となります。

また，電池の内部抵抗も $0.5 + 0.5 = 1\ \Omega$ となり，回路全体では，$1 + 13 = 14\ \Omega$ となります。

この回路には，500〔mA〕が流れているので，オームの法則 $E = IR$ より，次の式が成り立ちます。

解　答

【問題 12】…(2)

$$2x = 0.5 \times 14$$
$$= 7$$

よって，$x = 3.5$〔V〕となります。

問題14

図の回路において，R〔Ω〕に流れる電流 I〔A〕を求めよ。

(1) $\dfrac{E}{R+2r}$ 〔A〕

(2) $\dfrac{2E}{R+r}$ 〔A〕

(3) $\dfrac{E}{R+\dfrac{r}{2}}$ 〔A〕

(4) $\dfrac{2E}{R+\dfrac{r}{2}}$ 〔A〕

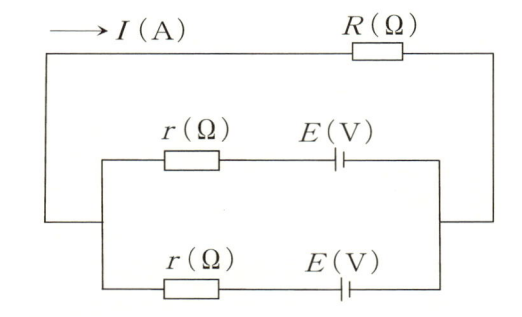

解説

前問は電池の直列接続ですが，本問は並列接続になります。

従って，r〔Ω〕が2個並列接続されている回路とみることができるので，下図のように書き換えることができます（注：電圧は並列なので E のままです）。

これより，回路は R〔Ω〕と $\dfrac{r}{2}$〔Ω〕の直列接続回路となるので，合成抵抗は，$R+\dfrac{r}{2}$〔Ω〕となります。

よって，$I = \dfrac{E}{R+\dfrac{r}{2}}$〔A〕となります。

解答

【問題13】…(3)

問題 15

下図の回路で、スイッチSを閉じたときの電流計の指示値は、スイッチSを開いたときの電流計の指示値の何倍になるか。

(1)　1.25 倍
(2)　1.5 倍
(3)　2 倍
(4)　2.5 倍

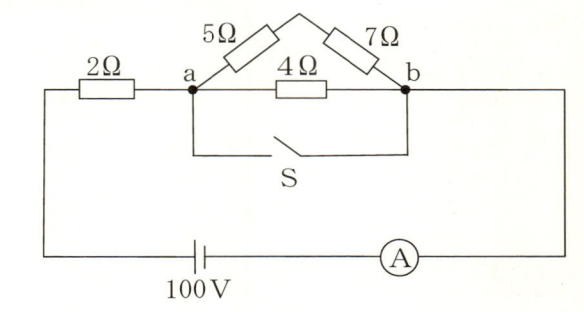

解説

① まず、スイッチを開いたときは、4〔Ω〕と12〔Ω〕の並列接続となるので、合成抵抗は、

$$\frac{4 \times 12}{4+12} + 2 = \frac{48}{16} + 2 = 5 \text{〔Ω〕}$$　となります。

従って、スイッチを開いたときの電流をI_1とすると、

$$I_1 = \frac{V}{R} = \frac{100}{5} = \mathbf{20} \text{〔A〕}$$　となります。

② 一方、スイッチを閉じたときは、4〔Ω〕と12〔Ω〕の並列接続部分が短絡（ショート）されるので0〔Ω〕となり、結局、2〔Ω〕のみとなります。

従って、スイッチを閉じたときの電流をI_2とすると、

$$I_2 = \frac{V}{R} = \frac{100}{2} = \mathbf{50} \text{〔A〕}$$　となります。

よって、$\frac{I_2}{I_1} = \frac{50}{20} = \mathbf{2.5 倍}$ となります。

解　答

【問題 14】…(3)

問題 16

コンデンサーを下図のように接続したときの合成静電容量として，次のうち正しいものはどれか

(1)　$2.5\mu\mathrm{F}$
(2)　$5\mu\mathrm{F}$
(3)　$6.2\mu\mathrm{F}$
(4)　$10\mu\mathrm{F}$

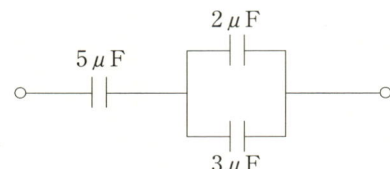

解説

まず，コンデンサーを並列に接続したときの合成静電容量は，抵抗の直列接続と同じく，それぞれの数値をそのまま足せばよいだけです。

従って，$2\mu\mathrm{F}$ と $3\mu\mathrm{F}$ の並列接続の合成静電容量は，

　　$2\mu\mathrm{F}+3\mu\mathrm{F}=5\mu\mathrm{F}$ となります。

一方，コンデンサーの直列接続の場合は，抵抗の並列接続と同じく，各静電容量の逆数の和の逆数となりますが，コンデンサーが2個の場合は，抵抗の2個並列の場合と同じ方法で計算します。

従って，$5\mu\mathrm{F}$ と $5\mu\mathrm{F}$ の直列接続は，

　　$\dfrac{5\times 5}{5+5}=\dfrac{25}{10}=\dfrac{5}{2}$

　　$=\boldsymbol{2.5\mu\mathrm{F}}$ となります。

問題 17

図のように，平行に配置した2枚の金属板からなるコンデンサーがある。極板の面積を A，極板間の距離を l，誘電体の誘電率を ε とした場合，静電容量 C，コンデンサーに蓄えられる電荷（電気量）Q，静電エネルギー W の組み合わせとして，正しいものは次のうちどれか。

解 答

【問題 15】 …(4)

問題にチャレンジ！

	C	Q	W
(1)	$C = \varepsilon \dfrac{A}{l}$	$Q = \dfrac{1}{2}CV$	$W = \dfrac{1}{2}QV$
(2)	$C = \dfrac{A}{\varepsilon \cdot l}$	$Q = CV$	$W = QV$
(3)	$C = \dfrac{\varepsilon \cdot A}{l}$	$Q = \dfrac{1}{2}CV$	$W = QV$
(4)	$C = \dfrac{\varepsilon}{l}A$	$Q = CV$	$W = \dfrac{1}{2}CV^2$

解説

まず、静電容量 C は、電極の面積と誘電率に比例し、電極間の距離に反比例するので、

$$C = \varepsilon \frac{A}{l}$$ となります。

また、コンデンサーに蓄えられる電荷（電気量）は $Q = CV$ ですが、コンデンサーに蓄えられるエネルギー（静電エネルギー）W は、$\dfrac{1}{2}QV$ となり、この Q に「$Q = CV$」を代入すると、$W = \dfrac{1}{2}CV^2$ とも表すことができます。よって、W については、(1)と(4)が正しいということになり、結局 C と Q も正しい(4)が正解ということになります。

＜電力　⇒P.173＞

問題 18

図の直流回路において、R 〔Ω〕の抵抗で消費される電力 P を表す式として、次のうち適切でないものはどれか。

(1) $P = I^2 R$
(2) $P = \dfrac{V^2}{R}$
(3) $P = IV$
(4) $P = IR^2$

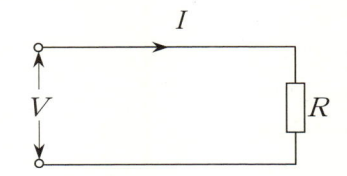

解 答

【問題 16】 …(1)

解説

図の R 〔Ω〕で消費される電力 P は，その端子電圧 (V) × 回路電流 (I) という式で表されます。従って，(3)は○。

また，その $P = IV$ にオームの法則 $(V = IR)$ を適用すると，

$P = IV = I \times IR = I^2R$ となるので，(1)も○。

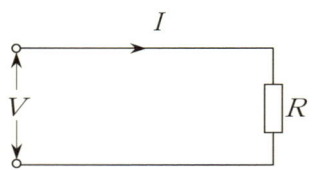

次に，$P = IV$ の I に $I = \dfrac{V}{R}$ を代入すると，

$$P = IV = \dfrac{V}{R} \times V = \dfrac{V^2}{R}$$ となるので，(2)も○となります。

従って，残った(4)の $P = IR^2$ が誤り，ということになります。

問題 19

5Ωの抵抗に20Aの電流が5秒間流れた。その際の電力〔W〕とジュール熱〔J〕の値として，次のうち正しいものはどれか。

	電力	ジュール熱
(1)	100 〔W〕	500 〔J〕
(2)	500 〔W〕	1 〔kJ〕
(3)	1 〔kW〕	5 〔kJ〕
(4)	2 〔kW〕	10 〔kJ〕

解説

まず，電力の方ですが，前問より，
$$P = I^2R$$
$$= 20 \times 20 \times 5$$
$$= 2000$$
$$= 2 \text{〔kW〕}$$

次にジュール熱〔J〕については，
$$H = I^2Rt$$

解 答

【問題 17】 …(4)　【問題 18】 …(4)

$= Pt$
$= 2000 \times 5$
$= 10000 \; [\text{J}]$
$= 10 \; [\text{kJ}]$　となります。

<磁気　⇒P.175>

問題 20

磁気に関する用語の意味について，次のうち誤っているものはどれか。
(1) 磁力線……磁石のN極からS極に向かって通っていると仮想した磁気的な線のことをいう。
(2) 磁束……磁力線の一定量を束ねたもので，単位は〔H〕(ヘンリー)を用いる。
(3) 磁界……磁気的な力が作用する空間（場所）のことをいう。
(4) 磁化……物質が磁気的性質を持つことをいう。

解説

(1) 正しい。
(2) 誤り。磁束の単位はWb（ウェーバ）で，磁束1本が1Wbとなります。
(3) 正しい。
(4) 正しい。（金属の針を磁石でこすると，それ自体が磁石の性質を持つように，物質が磁気的性質を持つことを**磁化**といいます。）

解　答

【問題19】…(4)

問題21

電流と磁気に関する説明で、次のうち誤っているものはどれか。

(1) コイル内を貫く磁束が変化することによって生じる誘導起電力の大きさは、その変化する速さに比例する。
(2) 磁界中で導体を磁界と直角な方向に動かした場合に発生する誘導起電力は、左手の親指、人差し指、中指を互いに直角に曲げ、人差し指を磁界の方向、親指を運動の方向に向けた場合の中指の方向に生じる。
(3) 磁界内にある電線を磁界とは直角な方向に動かすと、電線にはフレミングの右手の法則による向きに起電力が発生する。
(4) コイル内を貫く磁束が変化することによって生じる誘導起電力の向きは、その誘導電流の作る磁束が、もとの磁束の増減を妨げる方向に生ずる。

解説

(1) コイルを貫く磁束を Φ（ファイ）とすると、その磁束 Φ が $\triangle t$ の間に $\triangle \Phi$ 変化した場合、コイルに誘導される起電力 e は、

$$e = \frac{\triangle \Phi}{\triangle t}$$

という式で表されます（注：コイルが1巻の場合です）。

この $\frac{\triangle \Phi}{\triangle t}$ は、磁束が**変化する速さ（割合）**を表しているので、e は、その変化する速さ $\frac{\triangle \Phi}{\triangle t}$ に比例する、となるわけです。

(2) 誤り。磁界中で導体を磁界と直角な方向に動かした場合に発生する誘導起電力は、**フレミングの右手の法則**で求めます。

従って、「**右手の親指、人差し指、中指を互いに直角に曲げ、人差し指を磁界の方向、親指を運動の方向に向けた場合、中指の方向に誘導起電力が生じる。**」となります。

(3) 正しい。なお、磁界の強さはウェーバ〔**Wb**〕で表します。
(4) 正しい。これを**レンツの法則**といいます。

解 答

【問題20】…(2)

問題 22

平等磁界中に，下図のように導線が置かれている。これについて，次の文中の下線部(A)～(D)のうち，誤っているものはどれか。

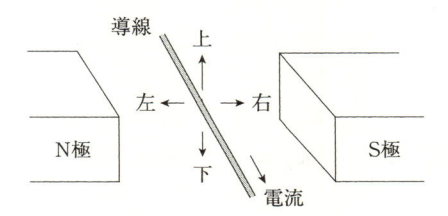

「導線に，図のような電流が流れた場合，導線に働く力の方向は，(A)下の方向となる。これは，(B)右手の親指，人差し指，中指を互いに直角に曲げ，人差し指を磁界の方向，中指を(C)電流の方向に向けた場合の(D)親指の方向となる。」

(1) (A), (B)　　(2) (B)　　(3) (C)　　(4) (C), (D)

解説

磁界内にある導体に電流を流した場合は，フレミングの**左手**の法則で判断します。従って，まず(B)の右手が誤りです。

また，フレミングの左手の法則では，左手の親指，人差し指，中指を互いに直角に曲げ，人差し指を磁界の方向，中指を電流の方向に向けると，親指は力（電磁力）の方向を示すので，(C)と(D)は正しい。

さらに，人差し指，中指をそのように向けると，親指は**上**を向くので，(A)は誤りです。

従って，誤っているのは(A)と(B)ということになるので，(1)が正解となります。

解答

【問題21】…(2)

問題 23

電流と磁界との相互作用に関する説明で，次のうち誤っているものはどれか。

(1) 導体が磁束を切るような動きをしたときによって生じる誘導起電力の方向は，フレミングの右手の法則に従う。
(2) 磁界内でコイルを回転させると，コイルに起電力が生じる。
(3) 2つのコイルを近接して置き，一方のコイルに一定の直流電流を流しておくと，他のコイルに起電力が生じる。
(4) 磁界中にある導体に電流を流すと導体に力が働く。この力を電磁力という。

解説

(1) 【問題21】の(2)の解説より，正しい。
(2) 磁界内でコイルを回転させると，コイル内を鎖交する磁束が変化します。
　つまり，導体の運動によって磁束を切り起電力を生じるので，**フレミングの右手の法則**となり，コイルに起電力が生じるので，正しい。
(3) この問題は，**相互誘導**に関する問題です。
　相互誘導というのは，2つのコイルを近接して置き，一方のコイル（Aとする）に電流を流した場合に発生する磁束の一部が他方のコイル（Bとする）と鎖交することによって，他方のコイルに起電力を生じる現象をいいます。
　この場合，Bに鎖交する磁束が変化したときにしか起電力を発生しないので，Aのコイルに流れる電流が一定の直流電流では磁束が変化せず，Bのコイルに起電力が生じないので，誤りです。
(4) 磁界中にある導体に電流を流すと，**フレミングの左手の法則**による電磁力が磁界と直角の方向に発生するので，正しい。

解　答

【問題22】…(1)

問題 24

図のように，コイルと棒磁石を使用して実験を行った。結果の説明として，次のうち誤っているものはどれか。

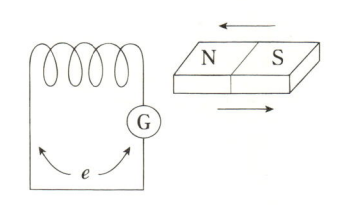

(1) 磁石をコイルの中に入れたときと出したときでは，検流計Gの針の振れは逆になった。
(2) 磁石を動かしてコイルの中に出し入れしたら，検流計Gの針は振れたが，磁石を静止させると針は振れなくなった。
(3) 磁石を静止させたままコイルを動かしたら，検流計Gの針は振れたが，コイルを静止させると針は振れなくなった。
(4) 磁石を動かして，コイルの中に出し入れする際，磁石を動かす速度を変えてみたところ，検流計Gの針の振れの大きさは変わらなかった。

解説

N 巻きのコイルに誘導される起電力の大きさ e は，

$$e = \frac{\Delta N \phi}{\Delta t}$$ となります。

この式をもとに，(1)〜(4)を検証していきます。

(1) まず，レンツの法則では，「**コイル内を貫く磁束が変化することによって生じる誘導起電力の向きは，その誘導電流の作る磁束が，もとの磁束の増減を妨げる方向に生ずる。**」となっています。

このレンツの法則より，起電力 e は磁束の増加を妨げる方向に誘導されることになります。

従って，磁石をコイルの中に入れたときと出したときでは，磁束の増加する方向が逆になるので，誘導される起電力 e の方向も逆になり，

解 答

【問題 23】…(3)

検流計Gの針の振れも逆になります。

　　よって，正しい。
(2)　まず，コイルを貫く磁束（$N\phi$）が変化すると，誘導起電力eが発生します。

　　従って，磁石をコイルの中に出し入れすると，コイルを貫く磁束（$N\phi$）が変化するので，誘導起電力eが発生し，検流計Gの針は振れます。また，磁石を静止させるとコイルを貫く磁束（$N\phi$）は変化しないので，誘導起電力eは発生せず，検流計Gの針は振れません。

　　よって，正しい。
(3)　(2)とは逆に，コイルの方を動かしただけで，結果は同じくコイルを貫く磁束（$N\phi$）が変化するので，検流計Gの針は振れ，コイルを静止させると針は振れなくなります。

　　よって，正しい。
(4)　冒頭の，$e = \dfrac{\Delta N\phi}{\Delta t}$ の式で，Δt は時間の変化分です。

　　この式より，その Δt が小さいほど，誘導起電力は大きくなります。

　　時間の変化分が小さいということは，少しの時間で磁束が変化したということなので，磁石を動かす速度が大きい場合に誘導起電力も大きくなる，ということになります。

　　従って，磁石を速く動かせば検流計Gの針の振れも大きく振れ，ゆっくり動かせば検流計Gの針の振れは小さくなるので，(4)は誤りということになります。

問題25

図のように2つのコイルA，Bが近接して置かれているとき，スイッチSの操作による検流計Gの指針の振れについて，次のうち正しく説明しているものはどれか。

(1)　スイッチSを閉じた瞬間に振れ，その状態を保った後，スイッチを開く瞬間に元に戻る。
(2)　スイッチSを閉じた瞬間に振れ，その状態を保った後，スイッチを

解　答

【問題24】…(4)

開く瞬間に逆の向きに振れ，すぐ元に戻る。
(3) スイッチSを閉じた瞬間に振れ，すぐ元に戻り，スイッチを開く瞬間に再び同じ方向に振れ，すぐ元に戻る。
(4) スイッチSを閉じた瞬間に振れ，すぐ元に戻り，スイッチを開く瞬間に逆の向きに振れ，すぐ元に戻る。

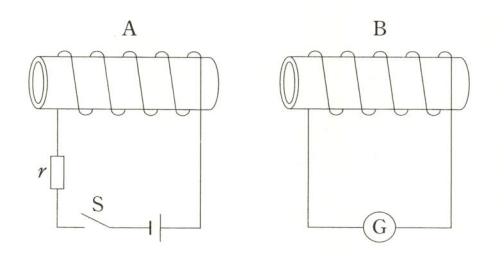

[解説]

本問は，消防設備士の磁気に関する問題としては，少々高度な問題ですが，実際にこの種の問題が出題されたことがあるので，知識として知っておく必要があるでしょう。

まず，コイルAとBは近接して置かれているので，コイルAを貫く磁束のほとんどはBのコイル内を貫通します。これをまず，頭に入れておいてください。

さて，コイルAに電流を流すと，コイルAには磁束が生じます。

たとえば，その電流値を仮に1Aとすると，電流が1Aという一定値に落ち着いてからは，コイルAには一定の磁束が貫きます。しかし，スイッチSを閉じた瞬間から一定値に落ち着くまでは，磁束が変化します。

当然，コイルBを貫く磁束も変化するので，コイルBには，前問のレンツの法則より，その**磁束の増加を妨げる方向**に誘導起電力が発生するので，検流計Gの針は振れます。

その際，スイッチSを閉じたときは磁束が増加するので（図では右から左方向），その増加を妨げる方向，つまり，**左から右方向**に磁束が生じるような起電力がコイルBに発生しますが，スイッチSを開いたときは，右から左方向に貫いていた磁束が減少するので，それを妨げる方向，すなわち，

[解 答]
解答は次ページの下欄にあります。

同じ右から左方向の磁束が生じるような起電力がコイル B に発生します。

　従って，スイッチ S を閉じたときと開いたときとでは逆の起電力がコイル B に発生するので，検流計 G の針の振れの向きも逆になり，(4)が正解ということになります。

<交流回路と力率　⇒P.178>

問題 26

　正弦波交流回路において，起電力の最大値が E_m である電圧の実効値 E を表す式として，次のうち正しいものはどれか。

(1)　$E = \dfrac{1}{\sqrt{2}} E_m$　　　　(2)　$E = \dfrac{\sqrt{2}}{\pi} E_m$

(3)　$E = \dfrac{1}{\sqrt{3}} E_m$　　　　(4)　$E = \dfrac{\sqrt{3}}{\pi} E_m$

解説

　正弦波交流回路において，実効値を E，最大値を E_m とすると，両者の関係は次のようになります。

　　$E_m = \sqrt{2} E$

　従って E は，$E = \dfrac{1}{\sqrt{2}} E_m$ となります。

問題 27

　正弦波交流起電力の実効値が 200 V である場合，その最大値として，次のうち正しいものはどれか。ただし，$\sqrt{2}$ は 1.414 とする。

(1)　約 141 V　　(2)　約 242 V　　(3)　約 283 V　　(4)　約 372 V

解説

　前問の $E_m = \sqrt{2} E$ の式より，$E_m = \sqrt{2} \times 200 = 1.414 \times 200 = 282.8$

　従って，約 283 となります。

解　答

【問題 25】…(4)

問題 28

負荷が誘導リアクタンスだけの回路に単相交流電圧を加えた場合，回路に流れる電流と電圧の位相差について，次のうち正しいものはどれか。

(1) 電流は電圧より位相が $\frac{\pi}{2}$〔rad〕だけ遅れる。
(2) 電流は電圧より位相が $\frac{\pi}{2}$〔rad〕だけ進む。
(3) 電流は電圧より位相が π〔rad〕だけ遅れる。
(4) 電流は電圧より位相が π〔rad〕だけ進む。

解説

負荷が誘導リアクタンスだけの回路というのは，要するに，コイルだけの回路ということであり，回路に流れる電流は電圧より $\frac{\pi}{2}$〔rad〕位相が遅れます。なお，逆に，容量リアクタンス（コンデンサー）だけの回路の場合は，コイルとは逆に，電流の位相は電圧より $\frac{\pi}{2}$〔rad〕だけ進みます。

問題 29

交流回路におけるインピーダンスについて，次のうち誤っているものはどれか。

(1) コイルが交流に対して示す抵抗を誘導リアクタンスといい，記号 X_L で表す。
(2) コンデンサーが交流に対して示す抵抗を容量リアクタンスといい，記号 X_C で表す。
(3) コイルやコンデンサーが混在している交流回路において，その合成抵抗のことをインピーダンスという。
(4) インピーダンスは周波数によって変化しない。

解説

(1)(2)より，コイルが交流に対して示す抵抗を**誘導リアクタンス（X_L）**といい，コイルのインダクタンス（そのコイル固有の抵抗を表す係数）を L，交流回路の周波数を f とすると，$X_L = 2\pi f L$ という式で表されます。

解 答

【問題 26】…(1)　【問題 27】…(3)

一方，コンデンサーが交流に対して示す抵抗を**容量リアクタンス（X_C）**といい，コンデンサーの静電容量をC，交流回路の周波数をfとすると，$X_C = \dfrac{1}{2\pi f C}$ という式で表されます。

また，(3)より，インピーダンスは，これらのコイルやコンデンサーが混在している回路の合成抵抗のことをいい，上記の説明より交流の周波数（f）によって変化するので，(4)が誤りです。

問題 30

図のような回路に交流 100 V を加えると 10 A 流れ，直流 80 V を加えても 10 A 流れた。X_L の値を求めよ。

(1)　6 Ω
(2)　10 Ω
(3)　15 Ω
(4)　20 Ω

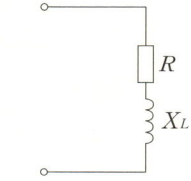

解説

まず，コイルは交流のみに電気抵抗を示し，直流には電気抵抗を示さないので，直流を流した場合は R のみの回路となります。

従って，直流 80 V を加えて 10 A 流れたので，$R = \dfrac{E}{I} = \dfrac{80}{10} = 8\ \Omega$ となります。

次に，交流 100 V を加えると 10 A 流れたので，インピーダンス Z は，$Z = \dfrac{E}{I} = \dfrac{100}{10} = 10\ \Omega$。$Z = \sqrt{R^2 + X_L^2}$ より，両辺を 2 乗すると，$Z^2 = R^2 + X_L^2$ となり，$10^2 = 8^2 + X_L^2$　$X_L^2 = 10^2 - 8^2 = 36$

よって，$X_L = \sqrt{36} = 6\ \Omega$ となります。

問題 31

次の交流回路において，抵抗 $R = 40\ \Omega$，誘導リアクタンス $X_L = 50\ \Omega$，容量リアクタンス $X_C = 20\ \Omega$ とした場合の合成インピーダンスとして，次のうち正しいものはどれか。

解　答

【問題 28】…(1)　【問題 29】…(4)

(1) 30 Ω
(2) 40 Ω
(3) 50 Ω
(4) 60 Ω

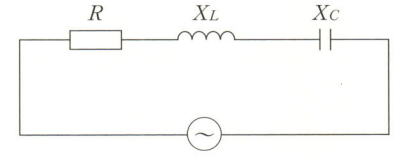

解説

交流回路の合成インピーダンス Z は次の式で求めます。
$$Z = \sqrt{R^2+(X_L-X_C)^2}$$
従って，R，X_L，X_C にそれぞれの数値を代入すると，
$$\begin{aligned}Z &= \sqrt{40^2+(50-20)^2}\\&=\sqrt{1600+900}\\&=\sqrt{2500}\\&=50\ \Omega，となります。\end{aligned}$$

問題 32

図のような $R-L$ 直列回路における交流電源の電圧を求めよ。

(1) 50 [V]
(2) 70 [V]
(3) 100 [V]
(4) 140 [V]

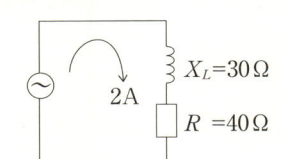

解説

合成インピーダンス Z は，$Z=\sqrt{30^2+40^2}=50$ [Ω] となるので，$E=I\times Z=2\times 50=100$ [V] となります。

なお，$R-L$ それぞれの電圧降下より求めると，$V_R=80$ [V]，$V_L=60$ [V] となるので，右図のベクトル図より， 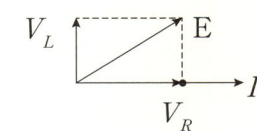
$$\begin{aligned}E&=\sqrt{(V_R)^2+(V_L)^2}\\&=\sqrt{80^2+60^2}=\sqrt{10000}\\&=100\ [V]\ となります。\end{aligned}$$

解 答

【問題 30】 …(1)

問題 33

図の交流回路に電圧 100 V を加えた場合，流れる電流 I は何 A（アンペア）か。

(1) 3 A
(2) 5 A
(3) 7 A
(4) 10 A

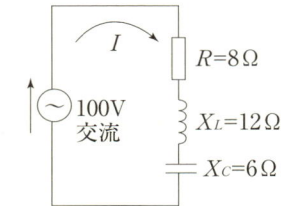

解説

合成インピーダンス Z は，$Z = \sqrt{R^2 + (X_L - X_C)^2}$

これに図の値を代入すると

$$Z = \sqrt{64 + (12-6)^2} = \sqrt{64 + 36} = \sqrt{100} = 10 \ [\Omega]$$

よって，電流は $I = \dfrac{V}{Z}$ より　$\dfrac{100}{10} = \mathbf{10 A}$ となります。

なお，抵抗と誘導リアクタンス X_L のみの場合は，$X_C = 0$，抵抗と容量リアクタンス X_C のみの場合は，$X_L = 0$ として計算すればよいだけです。

問題 34

単相正弦波交流回路における電力について，次のうち誤っているものはどれか。

(1) 皮相電力を S，回路の電圧を V，電流を I とすると，$S = VI$ である。
(2) 有効電力を P，回路の力率を $\cos\theta$ とすると，$P = S\cos\theta$ である。
(3) 回路の電圧と電流とが同位相である場合，有効電力はこれらの電圧と電流との積である。
(4) 回路の電圧と電流との位相差が $\dfrac{\pi}{4}$ (rad) である場合，有効電力は 0 である。

解説

(1), (2)　正しい。

解 答

【問題 31】…(3)　【問題 32】…(3)

(3) 回路の電圧と電流が同位相ということは，電圧と電流の位相差が0ということであり，(2)の式より，$P = S\cos\theta = S\cos 0 = S$ となります。（$\cos 0 = 1$ より）

従って，$S = VI$ なので，$P = VI$ となり，正しい。

(4) 回路の電圧と電流との位相差が $\frac{\pi}{4}$（rad）の場合，$P = VI\cos\theta = VI\cos\frac{\pi}{4}$ となります。（⇒ $\frac{\pi}{4}$ は $180°/4 = 45°$ になります）。

$\cos 45°$ は，下図より $\frac{1}{\sqrt{2}}$ なので，

$P = VI \times \frac{1}{\sqrt{2}}$ となり，0とはならないので，誤りです。

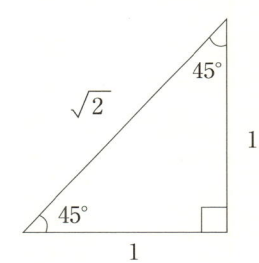

問題 35

消費電力 900 W の負荷を単相交流 100 V の電源に接続したところ，12 A の電流が流れた。このときの負荷の力率の値を求めよ。

(1) 60 %
(2) 75 %
(3) 90 %
(4) 125 %

解説

力率 $= \frac{P}{S}$。消費電力 $P = 900$ W。一方，皮相電力 $S = V \times I = 100 \times 12 = 1200$ VA（VA は皮相電力の単位）。

よって，力率 $= \frac{P}{S} = \frac{900}{1200} = 0.75 \Rightarrow 75$ %（力率は一般に百分率％で表す）となります。

解 答

【問題 33】…(4)　【問題 34】…(4)

電気計測

問題 36

次の指示計器と用途の組み合わせのうち，正しいものはどれか。
(1) 可動鉄片形計器……………直流のみの測定
(2) 誘導形計器…………………交流と直流の測定
(3) 電流力計形計器……………交流のみの測定
(4) 整流形計器…………………交流のみの測定

解説

(1) 可動鉄片形計器は，**交流のみ**の測定に用いられます。
(2) 誘導形計器も，**交流のみ**の測定に用いられます。
(3) 電流力計形計器は，**交流**と**直流**の測定に用いられます。
(4) 整流形計器は，**交流のみ**の測定に用いられるので，正しい。

問題 37

交流の測定のみに用いられる計器は，次のうちどれか。
(1) 誘導形計器   (2) 可動コイル形計器
(3) 電流力計形計器   (4) 静電形計器

解説

(1) 誘導形計器は，**交流の測定のみ**に用いられます。
(2) 可動コイル形計器は，**直流の測定のみ**に用いられます。
(3)(4) 電流力計形計器，静電形計器は，**交直両用**の計器です。

問題 38

次の指示電気計器のうち，直流および交流の測定に使用できる計器はどれか。
(1) 可動鉄片形計器   (2) 電流力計形計器
(3) 可動コイル形計器 (4) 誘導形計器

解 答

【問題 35】…(2)

解説

交直両用の計器は，**電流力計形計器，静電形計器，熱電形計器**です。

問題 39 〔重要〕

指示電気計器の目盛り板上に表示されている動作原理の記号で，可動コイル形計器を示すものは，次のうちどれか。

(1)　　　(2)　　　(3)　　　(4)

解説

(1)は電流力計形計器，(2)は熱電形計器，(3)は振動片形計器の記号です。

問題 40

可動コイル形計器に関する説明で，次のうち誤っているものはどれか。
(1) 可動コイル形計器は，直流回路に使用する計器であり，交流回路に使用することはできない。
(2) 永久磁石と可動コイルから構成されており，可動コイルに電流を流すことにより，駆動トルクを発生させる。
(3) 指針の振れ角は，可動コイルの巻数に比例する。
(4) 駆動装置に生じるトルクは，コイルに流れる電流値の2乗に比例する。

解説

可動コイル形計器は，図のように，永久磁石の中に可動コイルを置き，**フレミングの左手の法則**により働く電磁力によりコイルを駆動させる直流

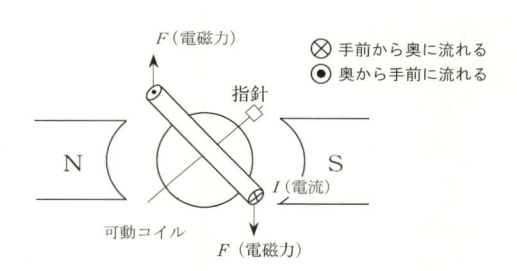

⊗ 手前から奥に流れる
⊙ 奥から手前に流れる

解 答

【問題 36】 …(4)　　【問題 37】 …(1)　　【問題 38】 …(2)

専用の計器で，正確で感度が良く，測定範囲の拡大も容易で，計器自身の消費電力も少ない計器です。

(1) 正しい。図のコイルに交流を流してしまうと，電磁力（駆動トルク）が交互に働き，指針がプラスとマイナスを往復して振れてしまうので，交流には使用できません。

(2) 正しい。

(3) 指針の振れ角を生じさせるのは電磁力（駆動トルク）であり，その電磁力はコイルの巻数が2倍になれば当然，電磁力も2倍になります。
　従って，振れ角も2倍になるので，巻数に比例し，正しい。

(4) 駆動トルク T ですが，$T = kI$（k は比例定数），すなわち，トルクはコイルに流れる電流値に比例するので，2乗は誤りです。

問題 41

可動鉄片形計器の構造について，次のうち誤っているものはどれか。

(1) 構造が簡単な計器ではあるが，精密な測定には適していない。
(2) 駆動トルクは，測定電流または測定電圧の2乗に比例する。
(3) 可動鉄片形計器は，直流専用の計器なので，感度の良いものを作ることができる。
(4) 可動鉄片形計器の目盛りは，誘導形や静電形などと同じく，2乗目盛りとなっている。

解説

(1) 可動鉄片形計器は，固定コイルに電流を流して磁界を作り，その中に鉄片（可動鉄片）を置いたときの鉄片と磁界との間に生じる電磁力を駆動トルクに利用した計器であり，その可動鉄片には電流が流れず，構造が簡単な計器であるので，正しい。
　また，鉄片の磁気ヒステリシス現象などのため，精密な測定には適していないので，こちらも正しい。

(2) 正しい。

(3) 可動鉄片形計器は直流専用ではなく，**交流専用**の計器なので，誤りです。

解　答

【問題39】…(4)　【問題40】…(4)

(4) 可動鉄片形計器の目盛りは，不均等目盛り（2乗目盛り）なので，正しい。

問題 42

電流計と電圧計に関する説明で，次のうち誤っているものはどれか。
(1) 電流計と電圧計では，電流計の方が内部抵抗が小さい。
(2) 電流計は負荷と直列に接続し，電圧計は並列に接続する。
(3) 電圧計の測定範囲を拡大する際に用いるのは倍率器である。
(4) 分流器は，電流計とは直列に接続する。

解説
(1) 電流計は内部抵抗が小さく，電圧計は大きいので正しい。
(2) 正しい。
(3) 電流計の測定範囲を拡大する際に用いるのが**分流器**であり，電圧計の測定範囲を拡大する際に用いるのが**倍率器**なので，正しい。
(4) 分流器は，電流計とは**並列**に，倍率器は直列に接続しなければならないので，誤りです。

問題 43

負荷に流れる電流およびその端子電圧を計測しようとする時，電流計（A）と電圧計（V）の接続法で正しいのは次のうちどれか。ただし，Lは負荷を表す。

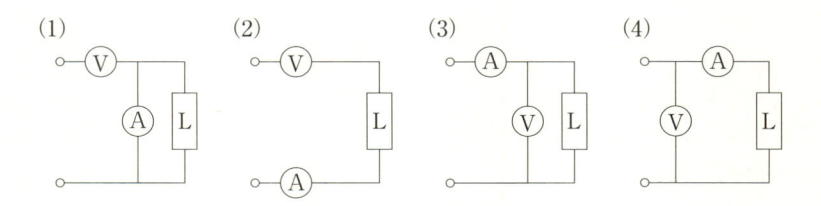

解 答

【問題41】…(3)

解説

まず，電圧計と電流計の接続方法をまとめると，次のようになります。
① **電圧計**：内部抵抗が**大きい**ので，負荷と**並列**に接続する。
② **電流計**：内部抵抗が**小さい**ので，負荷と**直列**に接続する。

その際，電流計は電圧計より負荷側（Lの側）に接続するので（電源側に接続すると，電圧計へ流れる電流まで含まれてしまい，正味の負荷電流ではなくなるので），(4)が正解です。

問題 44

指示電気計器の測定範囲を拡大する方法についての説明で，次の文中の（　）内に当てはまる語句の組み合わせとして，正しいものはどれか。

「電流計の測定範囲を拡大するには，(a)と呼ばれる抵抗を電流計と(b)に接続すればよく，電圧計の測定範囲を拡大するには，(c)と呼ばれる抵抗を電圧計と(d)に接続すればよい。」

	a	b	c	d
(1)	倍率器	直列	分流器	並列
(2)	分流器	並列	倍率器	直列
(3)	分流器	直列	分流器	並列
(4)	倍率器	並列	分流器	直列

解説

電流計の場合，電流計と**並列**に**分流器**と呼ばれる抵抗を接続し，その抵抗に測定電流の大部分を流すことにより測定範囲の拡大をはかっています。

一方，電圧計の場合，電圧計と**直列**に**倍率器**と呼ばれる抵抗を接続し，測定電圧の大部分をその抵抗に分担させることによって，測定範囲の拡大をはかっています。

問題 45

最大目盛 30 mA，内部抵抗 9 Ω の電流計に分流器を接続して，最大目盛

解　答

【問題 42】…(4)　【問題 43】…(4)

300 mA の電流計をつくるのに必要な分流器の抵抗値で，次のうち正しいものはどれか。

(1) 0.1 Ω
(2) 1 Ω
(3) 3 Ω
(4) 10 Ω

|解説|

前問より，電流計の測定範囲を拡大するには，図のように，電流計と**並列**に分流器と呼ばれる抵抗を接続します。

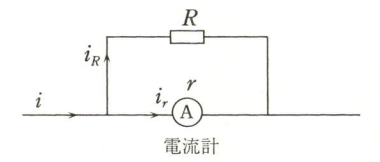

i：測定電流
i_R：分流器への電流
i_r：電流計の電流
R：分流器の抵抗
r：電流計の内部抵抗

そうすると，測定電流の大部分が分流器 R に流れるので，測定範囲を i_r から i に拡大することができるわけです。

この i と i_r の比率，すなわち，$\dfrac{i}{i_r}$ を分流器の倍率といい，次のようにして求めます。

$$i = i_r + i_R \quad \cdots\cdots(1)$$

一方，$i_r \times r = i_R \times R$ より

$$i_R = \dfrac{i_r \times r}{R} \quad \cdots\cdots(2)$$

(2)式を(1)式に代入すると

$$i = i_r + \dfrac{i_r \times r}{R} = i_r \left(1 + \dfrac{r}{R}\right)$$

よって，$\dfrac{i}{i_r} = 1 + \dfrac{r}{R} = m \quad \cdots\cdots(3)$

すなわち，電流計の測定範囲の m 倍の電流が測定可能，ということになるわけです。

|解　答|

【問題44】 …(2)

さて，最大目盛30mAの電流計を最大目盛300mAの電流計ということで，倍率 m は，$\dfrac{300}{30}=10$ 倍となります。

一方，内部抵抗 r が9Ωなので，(3)式にこれらを代入すると，

$$1+\dfrac{9}{R}=10 \qquad \dfrac{9}{R}=9 \qquad R=1\,\Omega \quad となります。$$

なお，分流器は電流計と**並列**に接続しますが，電圧計の測定範囲を拡大する抵抗を**倍率器**といい，電圧計とは**直列**に接続するので，覚えておこう！

＜倍率器＞

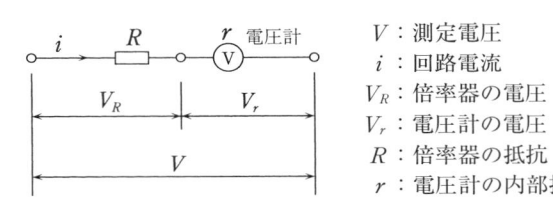

V：測定電圧
i：回路電流
V_R：倍率器の電圧
V_r：電圧計の電圧
R：倍率器の抵抗
r：電圧計の内部抵抗

電圧計と直列に抵抗（R）を接続して，測定範囲の拡大をはかったもので，$\dfrac{V}{V_r}$ を倍率器の倍率（$=n$ で表す）といい，倍率 n を r と R を用いて表すと，次式のようになります。

$$n=1+\dfrac{R}{r}$$

解　答

【問題45】…(2)

電気機器，材料

問題 46

一次巻線と二次巻線との巻数比が1:5である変圧器の説明で，次のうち正しいものはどれか。ただし，この変圧器は理想変圧器とする。

(1) 二次側の電力は，一次側の電力の5倍になる。
(2) 二次側の容量は，一次側の容量の5倍になる。
(3) 二次側の電圧は，一次側の電圧の5倍になる。
(4) 二次側の電流は，一次側の電流の5倍になる。

解説

変圧器の1次コイルの巻き数を N_1，2次コイルの巻き数を N_2 とし，1次コイルに加える電圧を E_1，2次コイルに誘起される電圧を E_2 とすると，次式が成り立ちます。

$$\frac{E_1}{E_2} = \frac{N_1}{N_2} \cdots\cdots ①式$$

すなわち，**電圧比は巻数比（変圧比）**となります。

一方，それによって流れる電流の方は，電圧とは逆に巻き数に**反比例**します。

すなわち，

$$\frac{I_1}{I_2} = \frac{N_2}{N_1} \cdots\cdots ②式$$

となります。

以上より，**電圧は巻数に比例し，電流は巻数に反比例する**，ということになるので，2次電圧は1次電圧の**5倍**，2次電流は $\frac{1}{5}$ となります。

従って，(3)が正解となります。

なお，(1)の電力と(2)の容量ですが，電圧と電流をそのまま掛けただけの皮相電力を**容量**といい，その皮相電力に力率を乗じたのが**電力（有効電力）**となります。

解答

解答は次ページの下欄にあります。

変圧器では電圧，電流は変化しても，この容量や電力は変わらないので，(1)(2)とも誤りになります。
(「一次側の容量＝二次側の容量」「一次側の電力＝二次側の電力」)。

問題 47

変圧器の一次側の電圧が 1500 V，コイルの巻数が 150 回のとき，二次側の端子から 50 V の電圧を取り出す場合，二次側のコイルの巻数として，次のうち正しいものはどれか。ただし，この変圧器は理想変圧器とする。

(1) 3
(2) 5
(3) 30
(4) 50

解説

前問の解説の①式に，$E_1 = 1500$，$E_2 = 50$，$N_1 = 150$ を代入すると，

$$\frac{1500}{50} = \frac{150}{N_2}$$

$$N_2 = \frac{150}{1500} \times 50$$

$$= \frac{150}{30}$$

$$= 5 \text{ となります。}$$

問題 48

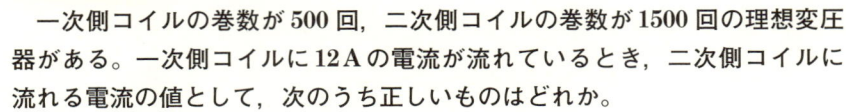

一次側コイルの巻数が 500 回，二次側コイルの巻数が 1500 回の理想変圧器がある。一次側コイルに 12 A の電流が流れているとき，二次側コイルに流れる電流の値として，次のうち正しいものはどれか。

(1) 3 A
(2) 4 A
(3) 6 A
(4) 9 A

解 答

【問題 46】…(3)

解説

巻数比と1次電流, 2次電流の比は次のように反比例します。
$\frac{N_1}{N_2} = \frac{I_2}{I_1}$ これを, 2次電流 I_2 を求める式に変形すると,

$I_2 = \frac{N_1}{N_2} \times I_1$ となります。計算すると,

$I_2 = \frac{500}{1500} \times 12 = \frac{12}{3} = 4A$ となります。

<電動機 ⇒P.198> ⇒1, 2, 3類のみ（4類, 7類では出題例がほとんどない）

問題49

極数 $p=2$ の同期電動機が, 電源周波数 50 Hz で運転している場合の毎分の回転速度〔min^{-1}〕として, 次のうち正しいものはどれか。

(1)　1350 min^{-1}
(2)　1500 min^{-1}
(3)　2700 min^{-1}
(4)　3000 min^{-1}

解説

まず, 電動機の回転速度 N の基本式（⇒ 回転磁界の速度で**同期速度**という）は次の通りです。

$$N = \frac{120f}{p} \ \text{(min}^{-1}\text{)} \quad \begin{pmatrix} f = 周波数 \\ P = 極数 \end{pmatrix}$$

回転速度は周波数に比例する！

解答

【問題47】…(2)　【問題48】…(2)

同期電動機の回転速度の場合は、この式のままで計算します。
従って、

$$N = \frac{120f}{p} = \frac{120 \times 50}{2}$$

$= 3000 \, [\text{min}^{-1}]$ となります。

なお、単位の $[\text{min}^{-1}]$ は、毎分当たりの回転速度を表す単位であり、$[\text{rpm}]$ と表す場合もあります。

問題 50

電源周波数 f が 50 Hz で極数 $p = 2$ の三相誘導電動機が滑り $s = 20\%$ で運転している。このときの毎分回転速度 $N \, [\text{min}^{-1}]$ として、次のうち正しいものはどれか。

(1)　1200 min⁻¹
(2)　1500 min⁻¹
(3)　2400 min⁻¹
(4)　3000 min⁻¹

解説

すべりを s とすると、誘導電動機の回転速度 N は、次式で表されます。

$$N = \frac{120f(1-s)}{p}$$

この式に問題の数値を当てはめると、

$$N = \frac{120f(1-s)}{p}$$

$$= \frac{120 \times 50(1-0.2)}{2}$$

$$= \frac{6000 \times 0.8}{2}$$

$= 2400 \, \text{min}^{-1}$ となります。

解答

【問題 49】…(4)

問題 51

50 Hz 用で運転している三相誘導電動機に同電圧で 60 Hz の交流電源を供給した場合，同期速度はどのような状態になるか。

(1) 変わらない。
(2) 遅くなる。
(3) 速くなる。
(4) 時間の経過と共に変動する。

解説

三相誘導電動機の同期速度 N は，次の式で表されます。

$$N = \frac{120f}{p}$$

これより，周波数 f と同期速度 N は正比例します。

従って，50 Hz を 60 Hz にすれば，その分，同期速度 N も増加，すなわち，速くなります（$\frac{60}{50}$ 倍になる。）。

問題 52

蓄電池についての説明で，次のうち誤っているものはどれか。

(1) 蓄電池は，電流を消費して電池の能力が低下しても，外部の直流電源から電流を電池の起電力と反対方向に流して，電気エネルギーを注入してやると，繰り返し使用できる電池である。
(2) アルカリ蓄電池は，電解液として強アルカリ性の水酸化カリウム（KOH）や水酸化ナトリウム（NaOH）などの水溶液を用いる蓄電池の総称である。
(3) 蓄電池の容量は，十分に充電した電池を，放電の終了するまで放電した電力消費量で表し，単位にはワット（W）を用いる。
(4) 鉛蓄電池は，電解液として希硫酸（H_2SO_4）を用い，正極に二酸化鉛（PbO_2），負極に鉛（Pb）を用いた蓄電池である。

解 答

【問題 50】…(3)

解説

(1), (2) 正しい。

(3) 蓄電池の容量は，〔W〕ではなく，**アンペア時〔Ah〕**で表すので，誤りです。

(4) 鉛蓄電池の正極と負極に用いられる物質は，「正極に二酸化鉛，負極に鉛を用いる」なので，正しい。

なお，蓄電池を放置した場合に，電解液中の硫酸鉛微粒子が極板に付着して，鉛蓄電池の寿命を縮める原因となる現象のことを**サルフェーション**といいます。

問題 53

二次電池の電極と電解液の組み合わせで，次のうち正しいものはどれか。

(1) 酸化銀電池は，負極に AgO を，電解液に KOH を使用する。
(2) ニッケル・カドミウム蓄電池は正極に Cd を，電解液に有機電解液を使用する。
(3) マンガン乾電池は正極に C を，電解液に $ZnCl_2$ を使用する。
(4) 鉛蓄電池は正極に PbO_2 を，電解液に H_2SO_4 を使用する。

解説

(1) 酸化銀電池は，小型の電子機器に広く用いられているボタン型の乾電池（一次電池）で，正極に酸化銀（Ⅰ），負極に亜鉛，電解液に水酸化カリウムまたは水酸化ナトリウムを用いた電池です。
　　従って，負極の AgO が誤りです。

(2) ニッケル・カドミウム蓄電池は，二次電池の一種で，正極に水酸化ニッケル，負極に水酸化カドミウム，電解液に水酸化カリウム水溶液を用いたアルカリ蓄電池であり，正極に Cd，電解液に有機電解液というのは，誤りです。

(3) マンガン乾電池の電解液が $ZnCl_2$（塩化亜鉛）というのは正しいですが，正極は C（炭素）ではなく，MnO_2（二酸化マンガン）なので，誤りです。

解　答

【問題 51】…(3)　【問題 52】…(3)

なお、この問題は(4)のみ覚えていれば解答できるので、(1)～(3)の正極、負極は覚える必要はありません。

<電気材料　⇒P.203>

問題 54

A, B 2本の材質が同じ導線があり、Aの長さはBの3倍で、断面積は2倍である。Aの抵抗値として、次のうち正しいものはどれか。

(1) Bの抵抗値の $\frac{2}{3}$ 倍である。

(2) Bの抵抗値と同じである。

(3) Bの抵抗値の $\frac{3}{2}$ 倍である。

(4) Bの抵抗値の3倍である。

解説

導線の抵抗率を ρ、断面積を s、長さを l とした場合、抵抗 R は次の式で表されます。

$$R = \rho \frac{l}{s}$$

つまり、導体の抵抗 R は、抵抗率 ρ と長さ l に比例し、断面積 s に反比例します。R をBの抵抗値を表すものとし、Aの抵抗値を R_A とした場合、R_A は次のようになります（長さ l が3倍で、断面積 S が2倍の式です）。

$$R_A = \rho \frac{3 \times l}{2 \times s} = \frac{3}{2} \times \rho \frac{l}{s} = \frac{3}{2} R$$

すなわち、Bの抵抗値の $\frac{3}{2}$ 倍、ということになります。

問題 55

ある導体の長さを2倍、直径を $\frac{1}{4}$ にした場合、抵抗はもとの何倍になるか。

(1) 2倍　　(2) 8倍
(3) 16倍　　(4) 32倍

解　答

【問題53】…(4)

解説

まず，直径を D とすると半径は $\dfrac{D}{2}$ だから，

断面積 S は，$\pi \times (半径)^2 = \pi \times \left(\dfrac{D}{2}\right)^2 = \dfrac{\pi}{4}D^2$ となります。

つまり，**断面積は直径の2乗に比例します。**

従って，直径が4分の1になれば，断面積は，その2乗の $\dfrac{1}{16}$ になります。

断面積が $\dfrac{1}{16}$ になるので，前問の式，

$$R = \rho \dfrac{\ell}{s} \ [\Omega]$$

より，抵抗値 R は，分母の s とは反比例するので，逆に16倍になります。

一方，抵抗値 R は，上式より長さには比例するので，2倍になります。

従って，断面積によって16倍，長さによって2倍になるので，結局，全体として32倍ということになります。

問題 56

導体の断面積が $1\,\text{mm}^2$，長さ $10\,\text{m}$ の軟銅の抵抗として，次のうち正しいものはどれか。ただし軟銅線の抵抗率は $1.72 \times 10^{-8}\ [\Omega \cdot \text{m}]$ とする。

(1)　$17.2 \times 10^{-3}\ [\Omega]$

(2)　$17.2 \times 10^{-2}\ [\Omega]$

(3)　$17.2\ [\Omega]$

(4)　$17.2 \times 10^2\ [\Omega]$

解説

$R = \rho \dfrac{\ell}{s}\ [\Omega]$ より，各数値をこれに代入すればよいのですが，ただ，単位には注意する必要があります。

というのは，上式の単位だけに注目すると，

解　答

【問題54】…(3)　【問題55】…(4)

$$[\Omega] = [\Omega \cdot m] \times \frac{[m]}{[mm^2]} となり，$$

単位の整合性がとれません。

従って，この場合は，分母の断面積〔mm²〕を次のように〔m²〕の単位に修正する必要があります。

$$[\Omega] = [\Omega \cdot m] \times \frac{[m]}{[m^2]}$$

$$= [\Omega]$$

そこで，〔mm²〕⇒〔m²〕の修正ですが，$1\,mm = 10^{-1}\,cm = 10^{-3}\,m$ だから，

$1\,[mm^2] = (10^{-3})^2\,[m^2] = 10^{-6}\,[m^2]$ となります。

〔mm²〕を〔m²〕の単位に換算するには 10^{-6} を掛ける。

よって，問題の $1\,[mm^2]$ は $1 \times 10^{-6}\,[m^2]$ ということになります。

そこで，このような修正を行ったあとの数値を抵抗率の式に代入すると，次のようになります。

$$R = 1.72 \times 10^{-8} \times \frac{10}{1 \times 10^{-6}}\,[\Omega]$$

$$= 1.72 \times 10^{-2} \times 10\,[\Omega]$$

$$= 17.2 \times 10^{-2}\,[\Omega]$$

問題演習（電気機器，材料）

解 答

【問題 56】…(2)

問題 57

抵抗率の低いものから順に並んでいるものは，次のうちどれか。なお，抵抗率は常温で考えるものとする。

(1) 金，銀，銅
(2) 銀，銅，金
(3) 金，銅，銀
(4) 銅，金，銀

解説

金，銀，銅のそれぞれの抵抗率は，次のようになります。

金……………………2.40×10^{-8}〔$\Omega \cdot m$〕
銀……………………1.62×10^{-8}〔$\Omega \cdot m$〕
銅……………………1.69×10^{-8}〔$\Omega \cdot m$〕

従って，抵抗率の低いものから並べると，(2)の銀，銅，金ということになります。

問題 58

抵抗率の低いものから順に並んでいるものは，次のうちどれか。なお，抵抗率は常温で考えるものとする。

(1) 銅，アルミニウム，タングステン
(2) アルミニウム，タングステン，銅
(3) アルミニウム，銅，タングステン
(4) タングステン，アルミニウム，銅

解説

それぞれの抵抗率は次のようになります。

銅……………………1.69×10^{-8}〔$\Omega \cdot m$〕
アルミニウム……2.62×10^{-8}〔$\Omega \cdot m$〕
タングステン……5.48×10^{-8}〔$\Omega \cdot m$〕

解 答

解答は次ページの下欄にあります。

従って，(1)の銅，アルミニウム，タングステンの順が正解となります。

問題 59

次の導電材料において，導電率の高い順に並べられているものは，どれか。
(1) 白金，銅，銀，鉛，アルミニウム，鉄
(2) 白金，銀，銅，鉄，アルミニウム，鉛
(3) 銀，銅，白金，鉄，アルミニウム，鉛
(4) 銀，銅，アルミニウム，鉄，白金，鉛

解説

導電率 σ は，抵抗率の逆数 $\left(\sigma = \dfrac{1}{\rho}\right)$ で電気の通しやすさを表し，単位は〔S/m（ジーメンス毎メートル）〕です。

その導電率は，**銀，銅，アルミニウム，鉄，白金，鉛**の順になります。

（この順番は，このまま覚えるようにしてください。なお，覚え方には「銀のドアって白いな」という覚え方もあるので，参考まで）

問題 60

次の材料のうち，半導体材料に該当するものはどれか。
(1) けい素
(2) ニクロム
(3) コンスタンタン
(4) 鋳鉄グリッド

解説

主な材料についてまとめると，次のようになります。

①主な導体	金，銀，銅，アルミニウム，鉄，ニッケル，鉛など
②主な絶縁体	ガラス，雲母，磁器，大理石，木材（乾燥）など。
③主な半導体	シリコン，ゲルマニウム，けい素，セレン，亜酸化銅，酸化チタンなど

解答

【問題 57】…(2)　【問題 58】…(1)

従って，③より，(1)のけい素が正解です。
なお，(2)のニクロム，(3)のコンスタンタン，(4)の鋳鉄グリッドは，抵抗器に使用される抵抗材料です。

<その他>

問題 61

次の文中の（　）内に当てはまる法則の名称として，次のうち正しいものはどれか。
「電気回路網中の任意の分岐点に流れ込む電流の和は，流れ出る電流の和に等しい。これを（　）という。」
(1)　アンペアの周回路の法則
(2)　キルヒホッフの第2法則
(3)　ファラデーの法則
(4)　キルヒホッフの第1法則

解説

たとえば，下図のようにO点に流入する電流をI_1，I_2，O点から流出する電流をI_3，I_4とすると，次の式が成り立ちます。

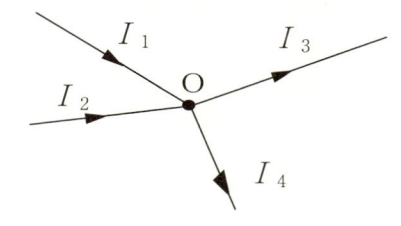

$$I_1 + I_2 = I_3 + I_4$$

すなわち，「電気回路網中の任意の分岐点（図ではO点）に流れ込む電流の和（I_1+I_2）は，流れ出る電流の和（I_3+I_4）に等しい。」となるわけで，これを**キルヒホッフの第1法則**といいます。

なお，キルヒホッフの第2法則は，「回路網中の任意の閉回路において，一定の方向に作用する起電力の代数和は，その方向に生ずる各部の電圧降下

解　答

【問題59】…(4)　【問題60】…(1)

の代数和に等しい。」という電圧降下に関する法則となっています。

問題 62

熱と電流に関する次の現象に該当する名称として，正しいものはどれか。
「異なる二種類の金属の両端を接続して閉回路を作り，その両端の接合点に温度差をつけると閉回路に起電力が発生して電流が流れる。」
(1) ペルチェ効果
(2) ゼーベック効果
(3) ホール効果
(4) ヒステリシス損

解説

なお，逆に，この金属の両端に電流を流すと片方が冷え，片方が温まる現象が(1)の**ペルチェ効果**です（(3)(4)は，磁気に関する現象です。）。

解 答

【問題 61】…(4)　【問題 62】…(2)

合格大作戦
筆記の重要ポイント！

その1　消防関係法令（共通）……………256
その2　機械に関する基礎知識　……………264
その3　電気に関する基礎知識　……………272

略称について

　法令の名称を，次のように略称で表記している場合があるので，注意してください。

法令	略称
消防法	法
消防法施行令	令
消防法施行規則	規則

合格大作戦その1　消防関係法令（共通）

1 用語

関係者	防火対象物または消防対象物の所有者，管理者または占有者。
無窓階	建築物の地上階のうち，避難上または消火活動上有効な開口部のない階のこと。

2 防火管理者の業務の内容

① 消防計画に基づく消火，通報および避難訓練の実施
② 火気の使用または取扱いに関する監督
③ 消防計画の作成
④ 消防機関への消防計画の届出
⑤ 消防用設備等または特殊消防用設備等の点検，整備
⑥ その他の防火管理上必要な業務

3 共同防火管理協議会を設置しておく必要がある防火対象物

(法第8条の2)

① 高さ 31 m を超える建築物
 （＝高層建築物 ⇒ 消防長又は消防署長の指定は不要）
② 特定防火対象物（④⑤除く）
 地階を除く階数が 3 以上で，かつ，収容人員が 30 人以上のもの。
 （下線部　⇒ 6項ロ（要介護老人ホーム等），6項ロの用途部分が在する複合用途防火対象物の場合は 10 人以上）
③ 特定用途部分を含まない複合用途防火対象物
 地階を除く階数が 5 以上で，かつ，収容人員が 50 人以上のもの。
④ 準地下街
⑤ 地下街（ただし，消防長または消防署長が指定したものに限る。）
 ⇒ 指定が必要なのはこの地下街だけです。

消防関係法令（共通）

こうして覚えよう！ ＜共同防火管理が必要な場合＞

キョードーの　ジュン　さんは　最　後に
共同防火管理　準地下街　3と30　31m　5と50
④　　　　　②　　　　①　③

地下の指定席へと走った
地下街
⑤

（「キョードー」はどこかの会社名とでも考えて下さい。つまり，「キョードー」の社員のジュンさんが満員のホールで空席を探すうちに，ついに地下の指定席へと走った，という意味です）

4　防火対象物の定期点検制度（法第8条の2の2）

① 防火対象物点検資格者に点検させる必要がある防火対象物
　・特定防火対象物（準地下街は除く）で収容人員が300人以上のもの
　・特定1階段等防火対象物
② 防火対象物点検資格者について
　防火管理者，消防設備士，消防設備点検資格者の場合は，**3年以上の実務経験**を有し，かつ，**登録講習機関**の行う講習を終了した者
③ 1年に1回点検し，消防長または消防署長に報告する。

5　危険物施設の警報設備

　指定数量の10倍以上の危険物を貯蔵し，または取り扱う危険物製造所等（移動タンク貯蔵所を除く）には，次のような警報設備が1種類以上必要となる。

こうして覚えよう！

（警報の）字 書く 秘書 K
　　　　　　自　拡　非　消　警

① 自動火災報知設備
② 拡声装置
③ 非常ベル装置
④ 消防機関へ通報できる電話
⑤ 警鐘

6 消防用設備等の設置，維持に関する規定 （法第17条）

(1) 消防用設備等の種類

こうして覚えよう！ ＜消防設備等の種類＞

1. 消防の用に供する設備
   - 避難設備
   - 警報設備
   - 消火設備

   ⇨ **要は 火 消 し**
   　　用　避難　警報　消火

2. 消火活動上必要な施設
   - 無線通信補助設備
   - 非常コンセント設備
   - 排煙設備
   - 凍結散水設備
   - 連結送水管

   消火活動は
   ⇨ **向 こう の 晴 れた**
   　　無線　コンセント　　排煙　連結
   所でやっている

(2) 消防用設備等の設置及び維持の技術上の基準

① 消防用設備等の設置単位
「**開口部のない耐火構造の床または壁**」で区画されている場合
その区画された部分は，それぞれ別の防火対象物とみなされる。

② 複合用途防火対象物の場合
同じ用途部分を1つの防火対象物とみなして基準を適用する。

> （例） 1階と2階がマーケット，3階から5階までが共同住宅の場合，1階と2階で1つの防火対象物，3階から5階までで1つの防火対象物とみなして床面積を計算する。

③ 附加条例（法第17条第2項）
市町村長条例によって，政令や命令の規定と異なる（緩和する規定は不可）規定を設けることができる。

④ 既存の防火対象物に対する基準法令の適用除外（法第17条の2）
（法令が変更した場合のそ及適用）
 (ア) そ及適用の必要がある場合
 ・ **特定防火対象物**
 ・ 特定防火対象物以外の防火対象物で，次の＜条件＞に当てはまるもの。

≪条件≫
1. **改正前の基準法令に適合していない場合。**
 ⇒ この場合，わざわざ改正前の基準に適合させる必要はなく，改正後の基準に適合させます。
2. **現行の基準法令に適合するに至った場合**
 （⇒ 自主設置の消防用設備等が法令の改正により基準法令に適合してしまった場合）
3. 基準法令の改正後に次のような工事を行った場合
 ○ **床面積 1000 m² 以上，または
 従前の延べ面積の2分の1以上の増改築**

○ **大規模な修繕**若しくは**模様替えの工事**
　（ただし，主要構造部である**壁**について行う場合に限ります。）

> 床面積 1000 m² 以上，
> または
> 従前の延べ面積の2分の1
> 以上の増改築

⇒　そ及適用の必要あり

4. 次の消防用設備等については，常に現行の基準に適合させる必要があります（下線部は，「こうして覚えよう」に使う部分です）。
   ○ 漏電火災警報器
   ○ 避難器具
   ○ 消火器または簡易消火用具
   ○ 自動火災報知設備（地下街，準地下街除く特防と重要文化財のみ）
   ○ ガス漏れ火災警報設備（特定防火対象物と法で定める温泉採取設備）
   ○ 誘導灯または誘導標識
   ○ 非常警報器具または非常警報設備

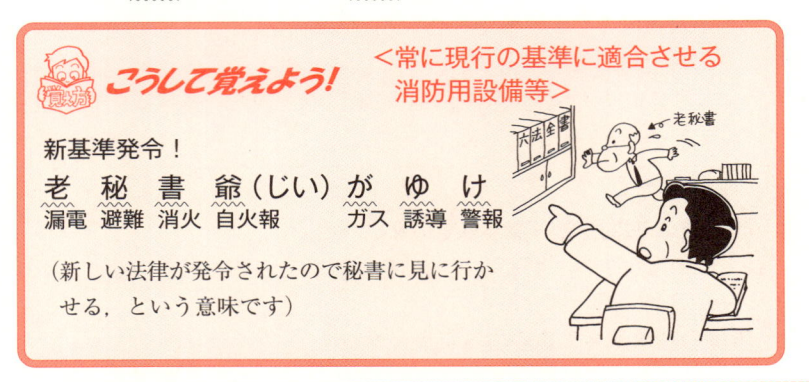

こうして覚えよう！

＜常に現行の基準に適合させる消防用設備等＞

新基準発令！

老　秘　書　爺（じい）　が　ゆ　け
漏電　避難　消火　自火報　　　ガス　誘導　警報

（新しい法律が発令されたので秘書に見に行かせる，という意味です）

(イ) **そ及適用しなくてもよい場合**（⇒　現状のままでよいもの）
　特定防火対象物以外の防火対象物で(ア)の＜条件＞に当てはまらない防火対象物。

⑤　用途変更の場合における基準法令の適用除外も④と同様に取り扱う。

(3) 消防用設備等又は特殊消防用設備等を設置した際の届出，検査
(消防法第17条の3の2)

① 消防用設備等を設置した時，届け出て検査を受けなければならない防火対象物 　　　　　　　　　　　　　　　　(施行令第35条)

表A　　　　　　　　　(表Bと比較しよう)

(a)	特定防火対象物	延べ面積が300m² 以上※のもの
(b)	その他の防火対象物	延べ面積が300m² 以上で，かつ，消防長または消防署長が指定したもの
(c)	特定1階段等防火対象物	すべて

※ 6項ロ (要介護の老人ホーム等) 及び6項ロの用途部分を含む16項イ (特防含む複合用途防火対象物)，16の2 (地下街)，16の3 (準地下街) は延べ面積に関わらず全てが対象です。

② 設置しても届け出て検査を受けなくてもよい消防用設備
　⇒ **簡易消火用具および非常警報器具**
③ 届け出を行う者
　⇒ **防火対象物の関係者** (所有者，管理者または占有者)
④ 届け出先
　⇒ **消防長** (消防本部のない市町村はその市町村長) または**消防署長**
⑤ 届け出期間
　⇒ **工事完了後4日以内**

(4) 消防用設備等の定期点検 (法第17条の3の3)

① 消防設備士または消防設備点検資格者が点検するもの

表B　　　　　　　　　(表Aと比較しよう)

(a)	特定防火対象物	延べ面積が1000m² 以上のもの
(b)	その他の防火対象物	延べ面積が1000m² 以上で，かつ，消防長または消防署長が指定したもの
(c)	特定1階段等防火対象物	すべて

上記以外の防火対象物は**防火対象物の関係者**が点検を行う。

② 点検結果の報告

特定防火対象物は1年に1回，その他の防火対象物は3年に1回，**防火対象物の関係者が消防長または消防署長**に報告を行う。

(4) 消防用設備等または特殊消防用設備等の設置維持命令

(法第17条の4)

命令する者	消防長又は消防署長
命令を受ける者	防火対象物の関係者で権原を有する者
維持命令に違反した場合	罰則が適用される

7 検定制度 (法第21条の2)

型式承認

① 検定対象機械器具等の形式に係る形状等が総務省令で定める検定対象機械器具等に係る技術上の規格に適合している旨の承認をいう。

② あらかじめ日本消防検定協会（または法人であって総務大臣の登録を受けたもの）が行う試験を受け，その試験結果書と型式承認申請書を総務大臣に提出して承認を受ける。

型式適合検定

① 個々の検定対象機械器具等の形状等が型式承認を受けた検定対象機械器具等の形式に係る形状等と同一であるかどうかについて行う検定をいう。

② 日本消防検定協会（または法人であって総務大臣の登録を受けたもの）が検定を行い，刻印やラベル等の合格の表示を行う。

8 消防設備士制度（法第17条の5など）

(1) 消防設備士の業務独占の対象外のもの

（消防設備士でなくても工事や整備などが行える場合）
① 軽微な整備（総務省令で定めるもの）
② 電源部分や水源の配管部分の工事
③ 任意に設置した消防用設備等
④ P33の●印の付いた設備等

(2) 消防設備士免状と講習

① 甲種と乙種
　　甲種 ⇒ 工事と整備を行うことができる。
　　乙種 ⇒ 整備のみ行うことができる。
② 免状は，都道府県が行う消防設備士試験に合格したものに対し，都道府県知事が交付し，全国で有効。
③ 免状の書換えの申請先（令第36条の5）
・免状を**交付**した都道府県知事，または
・**居住地**若しくは**勤務地**を管轄する都道府県知事
④ 免状の再交付の申請先（令第36条の6）
・免状を**交付**した都道府県知事，または
・免状の**書換え**をした知事

(3) 消防設備士の責務など

① 業務に従事する時は，消防設備士免状を携帯しなければならない。
② 講習の受講義務
　免状の交付を受けた日以後における最初の4月1日から**2年以内**，その後は講習を受けた日以後における最初の4月1日から**5年以内**に**都道府県知事の行う講習**を受講する必要がある。
③ 消防用設備等の着工届義務（法第17条の14）
　工事着工の**10日前**までに**消防長**（消防本部のない市町村はその市町村長）または**消防署長**に届け出なければならない。

合格大作戦

合格大作戦その2　機械に関する基礎知識

1 力のモーメント

回転軸 O から r 〔m〕にある点 A に，力 F 〔N〕を直角に加えた場合の力のモーメント（回転力）M は，
$M = F \times r$ 〔N·m〕となる。

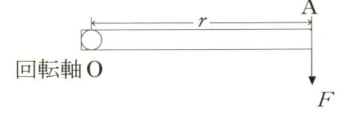

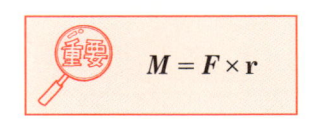

$$M = F \times r$$

2 力のつりあい

物体に図のような力が働いている場合，「右まわりのモーメント ＝ 左まわりのモーメント」より，次の式が成り立つ（O は作用点）。

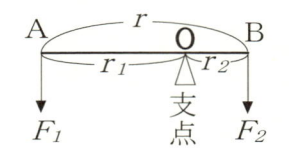

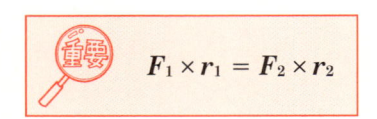

$$F_1 \times r_1 = F_2 \times r_2$$

3 仕事と動力

物体に力 F が働いて距離 S を移動した場合の**仕事量 W** は，次の式で求められる。

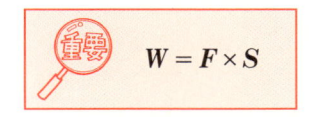

$$W = F \times S$$

また，仕事量を時間（秒）で割れば**動力 P** になる。

$$P = \frac{W}{t} \text{ 〔J/s〕 または 〔W：ワット〕}$$

〔単位について〕

このあたりの単位はわかりにくいので，次のようにして覚えよう。
ニュートンとメートルを掛けるとジュールになる（N·m = J）。
そのジュール〔J〕を時間〔s〕で割ればワット〔W〕になる。
すなわち，

$$N·m = J \quad J/s = W$$

となります。

4 摩擦

摩擦力を F〔N〕，接触面に垂直にかかる圧力を W〔N〕，μ を摩擦係数とすると，

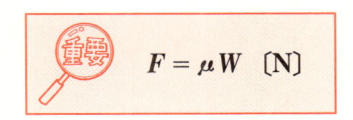

$$F = \mu W \;\text{〔N〕}$$

となる。

また，静止していた物体が動きだすときの摩擦力 F を**最大摩擦力**という。

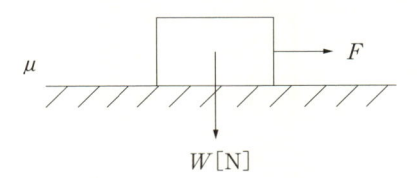

5 機械材料

(1) 合金の特徴

1. 硬度が増す（硬くなる）。
2. 可鋳性（溶かして他の形に成型できる性質）が増す。
3. 熱伝導率が減少する。
4. 電気伝導率が減少する。
5. 融点（金属が溶ける温度）が低くなる。

(2) 鉄鋼材料

① **炭素鋼**…鉄＋炭素（0.02～約2％）

> ・炭素の含有量が多いと，
>   ⇒ 硬さ，引張り強さが**増す**が，もろくなる。
> ・炭素の含有量が少ないと，
>   ⇒ 硬さ，引張り強さは**減少**するが，ねばり強くなる（加工しやすくなる）。

② **鋳鉄**（ちゅうてつ）…鉄＋炭素（約2％以上）
　色んな形に鋳造できるが，もろくて引張り強さに弱い。

③ **合金鋼**
　特殊鋼とも言い，炭素鋼に1種，または数種の元素を加えたもので，ステンレス鋼や耐熱鋼などがあります。

ステンレス鋼	鉄にクロムやニッケル等を加えて，耐食性を向上させたもの。
耐熱鋼	炭素鋼にクロムやニッケル等を加えて，高温における耐食性や強度を向上させたもの。

（注：ステンレス鋼の鉄は炭素含有量が基準に満たないので，本書では炭素鋼ではなく鉄としてありますが，資料によっては低炭素鋼としている場合もあります。）

(3) 非鉄金属材料

① 銅合金
・**黄銅**[※]……銅＋亜鉛（※黄銅とは，一般に真ちゅうと呼ばれているもの）
・青銅 ……銅＋すず

② アルミニウム

> 密度は**鉄の約 $\frac{1}{3}$** と軽い材料であり，空気中では酸化されやすいが，**耐食性**のよい**銀白色**の金属材料。耐熱性は劣る。

(4) 熱処理

	内　　容	目　　的
焼き入れ	高温に加熱後，油中又は水中で急冷する。	硬度を増す。
焼き戻し	焼き入れした鋼を，それより低温で再加熱後，徐々に冷却する。	焼入れにより低下したねばり強さを回復する。
焼きなまし	一定時間加熱後，炉内で徐々に冷却する。	組織を安定させ，また，軟化させて加工しやすくする。
焼きならし	加熱後，大気中で徐々に冷却する。	内部に生じたひずみを取り除き<u>組織を均一にする</u>。

(5) ねじの種類

① ねじの種類と記号

種類		記号
メートルねじ	ねじの外径（呼び径という）をミリメートルで表したねじで，標準ピッチのメートル<u>並目</u>ねじと，それより細かいピッチのメートル<u>細目</u>ねじがあり，両者とも **M** のあとに<u>外径（mm）</u>の数値を付けて表す。	M
管用平行ねじ	単に機械的接続を目的として用いられる。	G
管用テーパねじ	先細りになっている形状のねじで（「テーパ」＝円錐状に先細りになっていることを表す），機密性が求められる管の接続に用いられる<u>インチ三角ねじ</u>	R
ユニファイ並目ねじ	ISO規格の<u>インチ三角ねじ</u>のこと。	UNC（ユニファイ細目ねじはUNF）

② 用語の意味

リード角	ねじ山のラインと水平面とのなす角度で（⇒おねじのねじ山の角度）
ピッチ	ねじ山とねじ山の間の距離

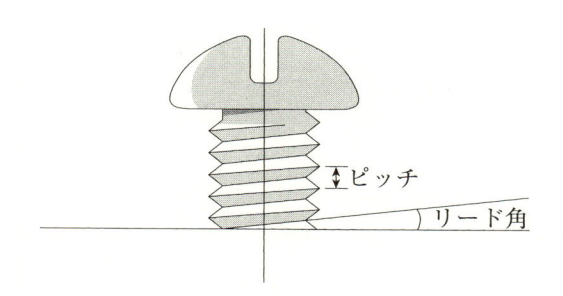

（6） 材料の強さ

① 荷重と応力

材料に外力Wが加わった場合に材料に生じる応力の強さσ（シグマ）は，次式で表される。

$$\sigma = \tau = \frac{W}{A} \quad [\text{MPa：メガパスカル}]$$

$\begin{cases} \sigma：引張応力，圧縮応力 \\ \tau：せん断応力 \\ W：荷重〔N〕 \\ A：材料の断面積 \end{cases}$

② はりの種類と形状

- （ア）　片持ばり　　　：一端のみ固定し，他端を自由にしたはり
- （イ）　両端支持ばり：両端とも他端を自由に動くようにしたはり
- （ウ）　固定ばり　　　：両端とも固定支持されているはり
- （エ）　張出しばり　　：支点の外側に荷重が加わっているはり
- （オ）　連続ばり　　　：3個以上の支点で支えられているはり

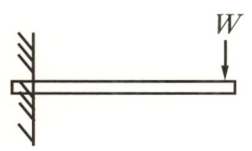

（ア）片持ばり 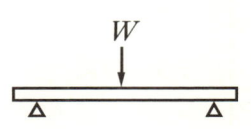　　（イ）両端支持ばり（単純ばり）　　（ウ）固定ばり

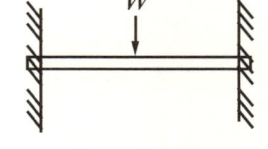

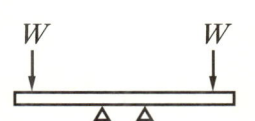

（エ）張出しばり 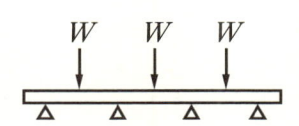　　（オ）連続ばり

材質，断面積が同じ場合において，はりの形状による上下の曲げ荷重に対する強さは，右から左へ行くに従って強くなります。

③ 応力とひずみ

下図は，軟鋼を徐々に引っぱったときの力（引張荷重＝応力）と伸び（ひずみ）の関係を表したものです。

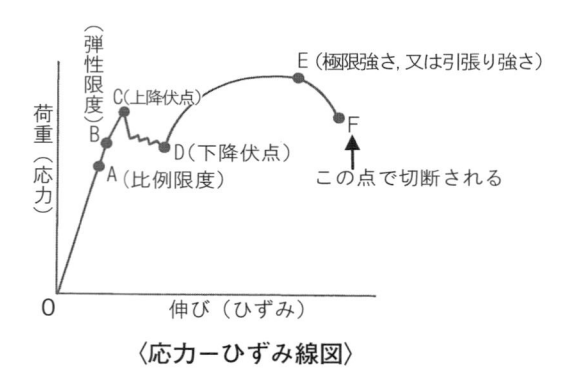

〈応力－ひずみ線図〉

図のA～F点には，それぞれ図のように名称が付けられ，その内容は，次のようになっています。

A. **比例限度**：
   荷重と伸びが比例する限界
B. **弾性限度**：
   荷重を取り除くと伸びが元に戻る限界
   （B点を過ぎると伸びは永久ひずみとなる）
C. **上降伏点**：
   荷重は増加しないが伸びが急激に増加してD点まで達する。
D. **下降伏点**
E. **極限強さ（引張り強さ）**

④ 許容応力と安全率
- **許容応力**：
  材料を安全に使用できる応力の最大
- **安全率**：
  材料が耐えうる最大の荷重，すなわち，極限強さの何割であるかを表した値を安全率といい，次式で表されます。

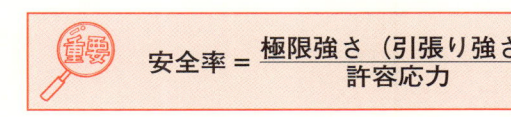

$$安全率 = \frac{極限強さ（引張り強さ）}{許容応力}$$

(7) ボイル・シャルルの法則（圧力と気体の関係）

体積 V は圧力 P に反比例し，絶対温度 T に比例する。

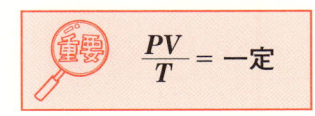

$$\frac{PV}{T} = 一定$$

合格大作戦その3　電気に関する基礎知識

No.1　電気理論

1　抵抗の合成抵抗値

① 直列接続（抵抗が3つの場合）

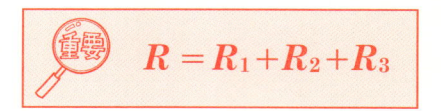

$$R = R_1 + R_2 + R_3$$

② 並列接続

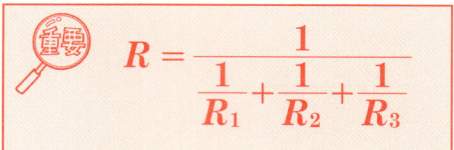

$$R = \dfrac{1}{\dfrac{1}{R_1} + \dfrac{1}{R_2} + \dfrac{1}{R_3}}$$

2個の場合は次のようになる。

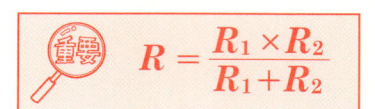

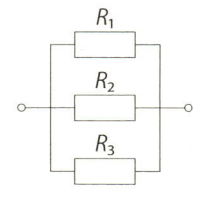

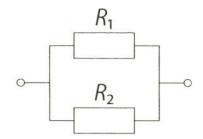

$$R = \dfrac{R_1 \times R_2}{R_1 + R_2}$$

2　コンデンサの合成静電容量

① 直列接続

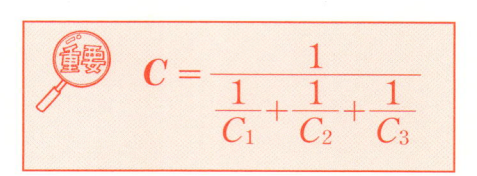

$$C = \dfrac{1}{\dfrac{1}{C_1} + \dfrac{1}{C_2} + \dfrac{1}{C_3}}$$

2個の場合は，次のようになる。

電気に関する基礎知識

$$C = \frac{C_1 \times C_2}{C_1 + C_2}$$

② 並列接続

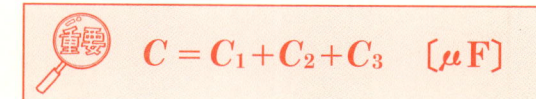

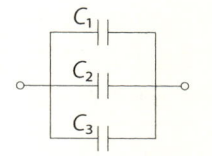

$$C = C_1 + C_2 + C_3 \quad [\mu F]$$

3 ブリッジ回路における未知抵抗 X の求め方

ブリッジ回路の平衡条件

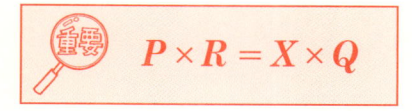

$$P \times R = X \times Q$$

より求める。

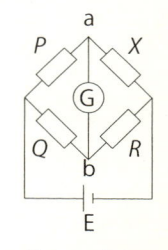

ブリッジ回路

4 抵抗率（ρ：ロウ）

導体の長さを ℓ〔m〕，断面積を s〔m²〕とすると，その電気抵抗 R は，

$$R = \rho \frac{\ell}{s} \quad [\Omega \cdot m]$$

となる。
　一方，導電率（σ：シグマ）は，

$$\frac{1}{\rho} = \sigma \quad [S/m \text{（ジーメンス毎メートル）}]$$

となる。

5 フレミングの法則

① 磁界内で電線に電流を流した場合に発生する電磁力の方向を求めるのは、フレミングの**左手**の法則である。

② 磁界内で電線を動かした場合に発生する起電力の方向を求めるのは、フレミングの**右手**の法則である。

① 左手

② 右手

> **左手の法則**
>   ⇒ 電流を流すと力が働く現象
> **右手の法則**
>   ⇒ 動かすと起電力が生じる現象

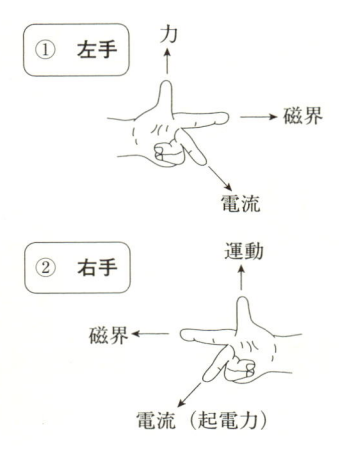

6 交流回路と力率

① 最大値、実効値、平均値の関係

> **最大値 = $\sqrt{2}$ × 実効値   平均値 = $\dfrac{2}{\pi}$ × 最大値**

② 電圧と電流の位相

1. コイルのみの回路

電流は電圧より位相が $\dfrac{\pi}{2}$〔rad〕(= 90 度) **遅れる**。

2. コンデンサーのみの回路

電流は電圧より $\dfrac{\pi}{2}$〔rad〕(= 90 度) **進む**。

7 力率

$$力率(\cos\theta) = \dfrac{P}{S} = \dfrac{R}{Z}$$

P：有効電力　　S：皮相電力(単に電圧と電流を掛けた値)

No.2 電気計測

1 指示電気計器の記号

指示電気計器の分類（記号はぜひ覚えておこう！）

	種類	記号	動作原理
直流回路用	可動コイル形	⌒	磁石と可動コイル間に働く電磁力を利用して測定
交流回路用	誘導形	◎	交番磁束とこれによる誘導電流との電磁力から測定
	整流形	▶︎｜	整流器で直流に変換して測定
	振動片形	⋎	交流で振動片を励磁し，その共振作用を利用して測定
	可動鉄片形	⊏	固定コイルに電流を流して磁界を作り，その中に可動鉄片を置いたときに働く電磁力で駆動させる
交流直流両用	電流力計形	⊤	固定コイルと可動コイル間に働く電磁力を利用
	静電形	≑	二つの金属板に働く静電力を利用
	熱電形	⋎	熱電対に生じた熱起電力を利用して測定

こうして覚えよう！ ＜計器の使用回路＞

○交流のみを測定する計器 ⇒ 交流するのは
　角のない　整った　親　友　のみ
　可動鉄片　整流　　振動片　誘導形

○直流のみを測定する計器 ⇒ 可動コイル形
○これら以外が出てきたら ⇒ 交直両用

意味は？

交流するのは性格に角のない整った親友のみっていう意味だよ

2 測定範囲の拡大

① 分流器

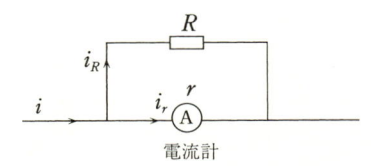

i：測定電流
i_R：分流器への電流
i_r：電流計の電流
R：分流器の抵抗
r：電流計の内部抵抗

> **重要** 分流器の倍率 $(m) = 1 + \dfrac{r}{R}$

② 倍率器

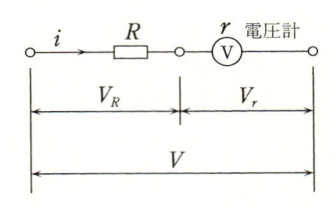

V：測定電圧
i：回路電流
V_R：倍率器の電圧
V_r：電圧計の電圧
R：倍率器の抵抗
r：電圧計の内部抵抗

> **重要** 倍率器の倍率 $(n) = 1 + \dfrac{R}{r}$

No.3 電気機器

1 変圧器

1次コイル，2次コイルの巻き数を N_1，N_2，1次，2次電圧を V_1，V_2，1次，2次電流をそれぞれ I_1，I_2 とすると，

$$\alpha = \frac{N_1}{N_2} = \frac{V_1}{V_2} = \frac{I_2}{I_1} \quad (\alpha：巻数比)$$

2 誘導電動機

① 回転速度

$$N = \frac{120f(1-s)}{p} \ \text{[rpm]} = N_s(1-s)$$

（N_s：同期速度，s：すべり）

② 始動方法
- **全電圧始動**：
  じか入れ始動ともいわれ，全電圧をかけて始動する方法で，一般に小容量機（11 KW 未満の低圧電動機）に用いられる。
- **Y－Δ 始動（スターデルタ始動）**：
  固定子巻線の結線を始動時は Y 結線，運転時は Δ 結線とし，始動電圧を全電圧の $\frac{1}{\sqrt{3}}$ とする。
- **その他**：
  始動電圧を低減させる方法として，始動補償器を用いる方法，始動リアクトルを用いる方法などがある。

3 同期電動機

① 回転速度

$$N = \frac{120f}{p} \ \text{[rpm]}$$

$\begin{bmatrix} f：周波数 \text{[Hz]} \\ p：極数 \end{bmatrix}$

② 始動方法
- **自己始動法**：
  始動用に特別に設けた巻線（制動巻線）を用いる。
- **始動電動機法**：
  始動のための専用の電動機を用いる方法。
- **補償器始動法**：
  始動補償器を用いる方法。

③ 特徴（三相誘導電動機との比較）
　一般に始動トルクが小さいが，速度が一定で力率も自由に調整できるという利点がある。

4 鉛蓄電池

- 電解液として**希硫酸**（H_2SO_4）を用い，正極に**二酸化鉛**（PbO_2），負極に**鉛**（Pb）を用いた二次電池である。

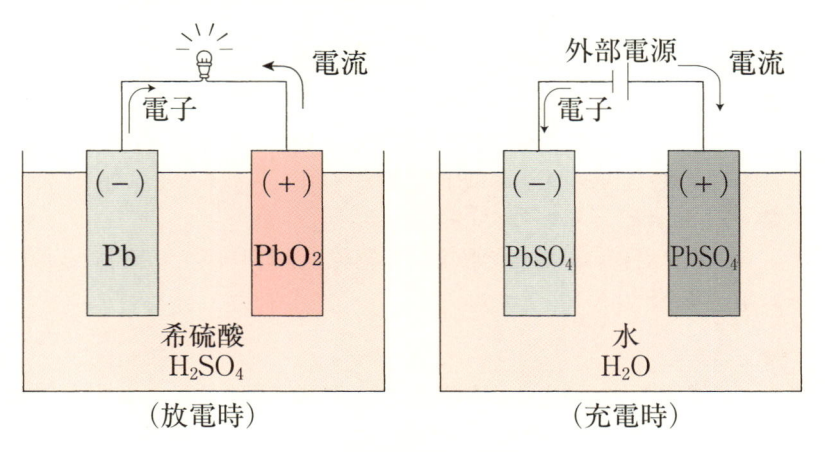

鉛蓄電池の原理

- サルフェーション：
　蓄電池を放置した場合に，電解液中の硫酸鉛微粒子が極板に付着して，鉛蓄電池の寿命を縮める原因となる現象のことをいう。

索 引

～あ～

アルミニウム	121
安全率	131
アンペア右ねじの法則	175
位相	179
インピーダンス	181
ウォーターハンマ	106
黄銅	121
応力	126
応力とひずみ	130
オームの法則	163

～か～

荷重	126
加速度	114
型式承認	44
型式適合検定	45
片持ばり	128
滑車	116
可動コイル形	188
可動鉄片形	188
関係者	25
機械材料	119
危険物施設の警報設備	32
既存の防火対象物に対する基準法令の適用除外	37
共同防火管理	29
極限強さ	131
許容応力	131
キルヒホッフの法則	172
金属材料	119
クーロン力	164
管摩擦損失	104
クリープ現象	132
警報設備	33
ゲージ圧力	98
検定制度	44
合金鋼	120
合金の特徴	119
講習の受講義務	51
降伏点	130
交流	178
交流回路	180
固定ばり	128
弧度法	179
転がり軸受	124
コンデンサー	169
コンデンサーの接続	171

～さ～

最大値	179
材料の疲れ	132
サルフェーション現象	202
磁化	175
磁界	175
磁気	175
軸受	124
自己始動法	200
仕事	115
仕事率	116
指示電気計器の分類	188
磁束	175

実効値	179		絶縁材料	204
始動電動機法	200		絶縁体	204
ジュラルミン	121		絶対圧力	98
瞬時値	179		接地抵抗計	191
消火活動上必要な施設	33		せん断応力	126
消火設備	33		全電圧始動	199
消防対象物	24		測定値と誤差	190
消防同意	26		測定範囲の拡大	192
消防設備士制度	47		速度	114
消防設備士の業務独占	47			
消防設備士の責務	50		~た~	
消防設備士免状	49		帯電	164
消防用水	33		耐熱鋼	120
消防の用に供する設備	33		弾性限度	130
消防用設備等の種類	33		炭素鋼	120
消防用設備等の設置維持命令	43		力の 3 要素	109
消防用設備等の設置単位	36		力のつりあい	112
消防用設備等を設置すべき防火対象物	34		力のモーメント	111
消防用設備の定期点検	41		蓄電池	201
消防用設備を設置した際の届出，検査	40		鋳鉄	120
磁力線	175		定期点検	41
振動片形	188		抵抗値の測定	191
水理	98		抵抗の接続	166
スターデルタ始動	199		抵抗率	203
ステンレス鋼	120		鉄鋼材料	120
滑り軸受	124		電荷	164
静電形	188		電気材料	203
静電気	164		電気の単位	162
静電気に関するクーロンの法則	164		電気力線	165
静電容量	169		電気量	170
青銅	121		電磁誘導	176
整流形	188		電動機	198

索　引

電流力計形	188	非鉄金属材料	121
電力	173,184	避難設備	33
同期電動機	199	比例限度	130
銅合金	121	附加条例	37
導体	204	複合用途防火対象物	25
導電材料	204	ブリッジ回路	168
導電率	203	フレミングの左手の法則	176
動力	116	フレミングの右手の法則	177
特殊消防用設備等	25	分流器	192
特定1階段等防火対象物	25	ベルヌーイの定理	100
特定防火対象物	24	変圧器	196
トリチェリの定理	103	ボイル・シャルルの法則	107
		防火管理者	28
～な～		防火対象物	24
		防火対象物の定期点検制度	31
鉛蓄電池	201	補償器始動法	200
ねじの種類	123		
熱処理	122	～ま～	
熱電形	188		
熱量	174	摩擦	118
		摩擦係数	118
～は～		密度	99
		無効電力	185
倍率器	193	無窓階	25
パスカルの原理	106	メートルねじ	123
破断点	131	メガー	191
はりの種類	128		
半導体	204	～や～	
半導体材料	204		
比重	99	焼き入れ	122
ひずみ	129	焼きなまし	122
皮相電力	185	焼きならし	122
ピッチ	124	焼き戻し	122
引張強さ	131	有効電力	185

誘電率	170
誘導形	188
誘導電動機	198
誘導リアクタンス	180
容量リアクタンス	181

～ら～

ラジアン	179
リード角	124
力率	185
流体について	99
両端支持ばり	128
令別表第1	35
連続の定理	100
連続ばり	128

著者紹介

資格研究会 **KAZUNO**

「わかりやすい！第4類消防設備士試験」などの通称"工藤本"の著者が平成24年に新しく立ち上げた資格研究グループ

読者の皆様方へ御協力のお願い

　小社では，より最新の試験情報がお伝えできるよう，皆様が受験された消防設備士試験の問題内容（1問単位でも結構です）を積極的に募集いたしております。試験情報をご提供頂いた方には，薄謝ではございますが謝礼を進呈いたします。今後受験される受験生のためにも，何卒ご協力お願い申し上げます。
　【宛先】
　メール：henshu2@kobunsha.org
　FAX　：06-6702-4732

ご注意

（1） 本書の内容に関する問合せについては，明らかに内容に不備がある，と思われる部分のみに限らせていただいておりますので，よろしくお願いいたします。
　　　その際は，FAXまたは郵送，Eメールで「書名」「該当するページ」「返信先」を必ず明記の上，次の宛先までお送りください。

> 〒 546-0012
> 大阪市東住吉区中野 2 丁目 1 番27号
> 　（株）弘文社編集部
> Eメール：henshu1@kobunsha.org
> FAX：06-6702-4732
>
> ※お電話での問合せにはお答えできませんので，あらかじめご了承ください。

（2） 試験内容・受験内容・ノウハウ・問題の解き方・その他の質問指導は行っておりません。
（3） 本書の内容に関して適用した結果の影響については，上項にかかわらず責任を負いかねる場合があります。
（4） 落丁・乱丁本はお取り替えいたします。

―わかりやすい！―
消防設備士　共通科目の完全マスター

編　　著	資格研究会 ***KAZUNO***
印刷・製本	亜細亜印刷株式会社

発 行 所	株式会社 弘文社	〒546-0012 大阪市東住吉区中野2丁目1番27号 ☎　(06)6797－7 4 4 1 FAX　(06)6702－4 7 3 2 振替口座　00940－2－43630 東住吉郵便局私書箱1号
代 表 者	岡　﨑　　　達	

> 資格研究会
> KAZUNOのポケット版シリーズ！

●徹底丸暗記！第4類消防設備士試験　問題集●

資格研究会　KAZUNO　編著
Ａ６判　416ページ　1,500円＋税

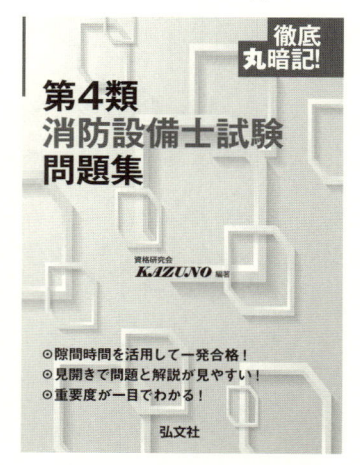

　第4類消防設備士は，自動火災報知設備やガス漏れ火災警報設備などの整備，点検が行える国家資格です。
　本書は，第4類消防設備士試験の短期合格を目指す方に向けて，重要事項は最低限おさえておきたいものに絞って掲載し，精選された問題を見開き左ページに収録，右ページでわかりやすく解説しています。
　通勤・通学中など，ちょっとしたすきま時間の学習に便利なポケットサイズ！

┌─────────────────────┐
│ 資格研究会   │
│ KAZUNOのポケット版シリーズ！ │
└─────────────────────┘

●徹底丸暗記！第6類消防設備士試験　問題集●

　　　　　　　資格研究会　KAZUNO　編著
　　　　　　　Ａ６判　288ページ　1,200円＋税

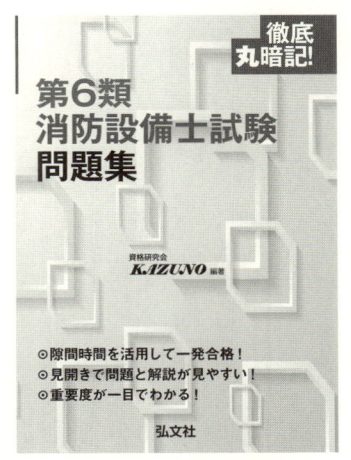

　第6類消防設備士は，消火器などの整備，点検が行うことができる国家資格です。
　本書は，第6類消防設備士試験の短期合格を目指す方に向けて，重要事項は最低限おさえておきたいものに絞って掲載し，精選された問題を見開き左ページに収録，右ページでわかりやすく解説しています。
　通勤・通学中など，ちょっとしたすきま時間の学習に便利なポケットサイズ！